黑色呐喊译丛

Frantz Fanon
Les damnés de la terre

黑皮肤，
白面具

〔法〕弗朗兹·法农 著　　陈瑞桦 译

人民文学出版社
PEOPLE'S LITERATURE PUBLISHING HOUSE

图书在版编目（CIP）数据

黑皮肤，白面具 /（法）弗朗兹·法农著；陈瑞桦译．
-- 北京：人民文学出版社，2023
　　（黑色呐喊译丛）
　　ISBN 978-7-02-017888-9

　　Ⅰ.①黑… Ⅱ.①弗… ②陈… Ⅲ.①民族心理学—
研究—法国 Ⅳ.① C955.565

中国国家版本馆 CIP 数据核字 (2023) 第 043703 号

责任编辑　　李　娜　　何炜宏
装帧设计　　李苗苗

出版发行　　人民文学出版社
社　　址　　北京市朝内大街 166 号
邮政编码　　100705

印　　刷　　山东新华印务有限公司
经　　销　　全国新华书店等

字　　数　　150 千字
开　　本　　889 毫米 ×1194 毫米　　1/32
印　　张　　6.5　插页 2
版　　次　　2023 年 4 月北京第 1 版
印　　次　　2023 年 4 月第 1 次印刷

书　　号　　978-7-02-017888-9
定　　价　　49.00 元

如有印装质量问题，请与本社图书销售中心调换。电话：010-65233595

目　录

导　论

　　我所诉说的，是数以百万被巧妙地灌输了恐惧、自卑情结、战栗、屈膝、绝望、奴才态度的人。

　　　　　　　　　　　　　——塞泽尔 ① 《论殖民主义》

　　爆发将不会在今天。它还太早……或已太迟。

　　我来此，丝毫没有配备着决断性的真理。

　　我的意识并没有被本质的光芒所贯穿。

　　然而，在全然平静之中，我想有些事情说出来是好的。

　　对这些事情，我将诉说，而非呐喊。因为自长久以来，呐喊已经走出我的生命。

　　那是如此遥远……

　　为何要写这部作品？没有人请求我做这件事。

　　特别是本书所要诉求的对象更未如此做。

① 译注：埃梅·塞泽尔（Aimé Césaire，1913—2008），生于马提尼克岛，1934年与塞内加尔青年桑戈尔（Léopold Sédar Senghor）、圭亚那青年达马斯（Léon-Gontran Damas）等人，于巴黎创办期刊《黑人大学生》（l' Étudiant noir），宣扬鼓吹"黑人性"（la négritude）。1935年进入巴黎高等师范学院就读。1939年发表著名诗作《还乡笔记》（Cahier d'un retour au pays natal），数月后返回马提尼克岛，任教于法兰西堡中学。他于1945年当选法兰西堡市长和国民议会议员，开始扮演作家和政治人物双重角色，2001年结束长达50余年的法兰西堡市长职务，2008年去世。

那么？那么，我要平静地答道：在这个世界上，有太多的蠢人。既然我这么说，便要证明它。

迈向一种新的人道主义……

人的了解……

我们有色的兄弟……

人类啊！我相信你……

种族偏见……

了解和爱……

数以十计、百计的纸页从四面八方侵扰着我，企图让我接受它们的观念。然而，仅只一行便已足够。只要给出一个答复，黑人问题就会去除掉它的严重性。

人要的是什么？

黑人要的是什么？

纵使会招致我有色兄弟们的怨恨，我仍然要说黑人并不是人。

世上有一个空无地带，有一块极度贫瘠荒凉的地区，有一段寸草不生的斜坡，就在此处，真正的变动得以诞生。在大多数情形下，黑人并没有堕入真正的**地狱**的福分。

人并不只是重来（reprise）、否定的可能性。如果说意识是超越的活动，我们也必须知道，这种超越会受到爱和理解的问题的纠缠。人是对宇宙和谐的响亮肯定。即使拔根、四散、混淆，并且被迫目睹经由自己所演绎的真理一个接一个地消融，人仍然必须停止将与自身并存的矛盾投射到世界中。①

---

① 译注：这段文字是法农与现象学和存在主义的对话。胡塞尔指出："所有意识都是对于某项事物的意识。"意识本是虚无，要能存在，便必须超越自己，朝向世界和事物。换句话说，意识必须否定自身朝向非它之物，才能够处于存在状态。法农在此转用"意向"的概念，由讨论人的意识转而讨论人。他认为，虽然意识在本质上是对意识自身的否定，但并不因此构成对世界或对人的否定，人本身就是"对宇宙和谐的响亮肯定"；（转下页）

黑人是黑色的人；换句话说，由于一系列情感错乱，让他定居在一个他必须被赶走的世界中。

这个问题有其重要性。我们尝试要做的，至少是将有色人种从他们自己那里解放出来。我们将非常缓慢地前行，因为有两个阵营：白人和黑人。

我们要执拗地探问这两种形上学，我们会看到，它们经常让人腐化堕落。

对前统治者和前传教者，我们并没有任何怜悯。对我们而言，钟爱黑人的人和憎恶黑人的人一样"有病"。

相反地，想要漂白自己种族的黑人和鼓吹对白人恨意的黑人同样不幸。

就绝对意义而言，黑人并不比捷克人更可爱，真正重要的是让人自由。

这本书早在三年前就该写了……但那时候，种种事实还烧灼着我们；如今我们能够不带狂热地述说。这些事实并不是要用来严厉地指责人，并不是要用来鼓动激情。我们对激情抱着疑虑。

每当人们看见某处出现了激情，它便预告了火焰、饥荒、悲惨……以及，对人类的鄙视。

激情尤其是无能者的武器。

那些将铁烧热的人，为的是要马上敲击。而我们要做的，却是在烧热人的躯体后离去。或许我们会达成这项成果：以自我燃烧来维持这团火焰的人。

从抵抗他者这块跳板上解放出来的人，为了感受意义存在而挖掘自己肉体的人。

在那些将阅读本书的人当中，只有几个会去设想我们在写

_____

（接上页）但在另一方面，向世界投射而出的意识并非空无，有可能因为人的爱和理解而带着某种性质。

这本书时曾经遭遇的困难。

在怀疑论调根深蒂固的时期，套一帮流氓的用语，要分辨出意义和无意义已经不再可能，要降到意义和无意义等类属尚未被使用的层次则相当艰难。

黑人想要成为白人。白人热衷于实现某种人的境况。

随着对本书的阅读，我们将看到一篇理解"黑-白"关系的论文展开眼前。

白人被幽闭在其白中。

黑人在其黑中。

我们将试着确认这种双重自恋的趋向，以及这种趋向之所以产生的原因。

在我们的反省初始，似乎不适合先说明将会读到的结论。

终结恶性循环的忧虑，单独引领着我们的努力。

有些白人自认比黑人优越。这是事实！

有些黑人不惜任何代价要向白人证明他们的思想丰富，他们的才智具有同等效能。这仍是事实！

如何脱离这种状态？

方才我们使用了"自恋"这个词。事实上，我们认为只有对黑人问题进行精神分析式的诠释，才能揭露应该为这个情结负责的不正常情感状态。我们所要努力的是让这个病态世界完全溶解。我们认为，个体应该努力承担起人类境况中固有的普同性。在诉说此事时，对于像戈平瑙 ① 之类的男人，或是玛约

---

① 译注：戈平瑙（Joseph Arthur de Gobineau，1816—1882），法国外交官和作家，著有《论人类种族之不平等》(*Essai sur l'inégalité des races humaines*)，他在书中宣称可以用外貌体格来作为种族优越性的判断依据：黑种人最为谦卑，并位居发展阶梯的底层；黄种人虽然具有"实践理性"，但自然倾向是平庸；白人依荣誉感而行动，并运用一种"文明的才干"。他的学说日后被泛日耳曼主义者及纳粹党人引为日耳曼民族优越性的论据。

特·卡佩西亚 ① 之类的女人，我们的思考并没有差别。但是，为了达到这种领会，摆脱幼儿时期遗留下来的一系列毛病就变得相当要紧。

尼采说：人之不幸在曾为儿童。然而，我们不应忘记，就如夏尔·奥迪耶 ② 所说，精神官能症患者的命运在他们自己手上。

不管这个看法会让我们多么痛苦，我们必须指出：对黑人而言，只有一种命运，那就是白。

在展开争讼前，我们要试着说出某些事。我们要着手进行的分析是心理学式的。尽管如此，问题仍然显而易见，我们认为，黑人真正的去异化意味着对经济现实和社会现实的断然觉悟。如果有自卑情结的话，那是双重过程所造成的结果：

——首先是经济的；

——接着是这种劣势的内化，或者套个更好的用语，劣势的表皮化（épidermisation）。

弗洛伊德起而对抗十九世纪末的体质学派，③ 主张透过精神分析将个体因素纳入考虑。他以个体发生的（ontogénétique）观点取代了种系发生的（phylogénétique）论点。然而我们会看

① 译注：玛约特·卡佩西亚（Mayotte Capécia, 1916—1955），成长于马提尼克岛一个单亲家庭，母亲是混血儿，外祖父是马提尼克人，外祖母是加拿大人。卡佩西亚 14 岁开始工作，17 岁成为母亲。她以自身对白人的爱所导致的不幸遭遇为主题，于 1948 年发表小说《我是马提尼克女人》（*Je suis martiniquaise*），翌年获得法兰西-安的列斯文学奖（Prix France-Antilles）。1950 年再发表小说《白色黑女》（*La Négresse blanche*），呈现混血儿在社会中的不适。1955 年因癌症去世。在《我是马提尼克女人》一书中，她想象如果自己的母亲嫁给白人的话，那她的肤色或许就会全白，由此法农在本书第二章提出"乳白化情结"（complexe de lactification）的分析。

② 译注：夏尔·奥迪耶（Charles Odier, 1886—1954），精神分析在瑞士和法国的发展先驱之一。

③ 译注：体质学派（tendance constitutionnaliste）主张精神疾病是由个人体质退化所造成，精神分析则主张精神疾病是由个人生活经验所决定。

到，黑人的异化并不是个体的问题。在种系发生和个体发生之外，还有社会发生（sociogénie）。① 就某种意义而言，为了回应勒孔特和达梅的意愿，② 我们要说这里涉及的是一种社会诊断（sociodiagnostic）。

我们对未来有什么样的预测呢？③

然而**社会**无法免于人的影响，这点和生物化学的过程相反。正是透过人，**社会**才得以成为社会。结构体根基已被蛀蚀，未来前景就在那些想要撼动它的人手上。

黑人应该在两面进行斗争：鉴于这两面在历史上互相影响，所有单方面的解放都是不完善的，而最糟糕的错误在于相信它们之间的关系是一种机械性依赖。④ 而且，这样的系统倾向也与事实相违背。我们将会呈现这点。

就此一次，事实吁求全然的了解。不论在客观层面或主观层面，都应该提出解决的办法。

---

① 译注："发生学"是指形成某一事物的整个过程，所涉及的并不只是缘由，而是整个发展演变的历程。

在解释个体行为表现时，"种系发生"和"个体发生"被看成一组相对的概念，"种系发生"指的是一个物种演化的过程；"个体发生"则是个别生命机体发展演变的过程。相对于这两种观点，法农则提出"社会发生"，以当时在欧洲、安的列斯群岛、马达加斯加岛的黑人所共同经历的遭遇来解释黑人的精神官能症状。

"社会发生学"的解释必然是对某一社会群体或类属的表现之解释，在这点上它和"个体发生学"的取径不同；但"社会发生学"是从后天的经验历程而不是以先天的遗传继受来解释行为成因，这点又和"个体发生学"的取径相同，而和"种系发生学"分道扬镳。

② 莫里斯·勒孔特和阿尔弗雷德·达梅，《目前精神病分类的评论》（Maurice Leconte et Alfred Damey, *Essai critique des nosographies psychiatriques actuelles*）。

③ 译注：法农在本书中使用了相当多医学用词，相对于前一句中使用diagnostic（诊断），在本句中的用词是 pronostic（预后），意指对病况接下来会如何发展的预测。为便于阅读，此处采用"预测"这个较日常的用词。

④ 译注：两面是指心理面和社会经济面。机械性依赖意指这两者之间有一种决定关系，必然是由社会经济面决定心理面。

6

不必带着"这是我的错"① 的表情前来，宣称重要的是要解救灵魂。

除非事物（从最物质性的意义来说）能够复归其位，否则就不会有真正的去异化。

从方法论的角度为一本心理学著作写序是合宜的，但我们不会这么做。我们要把研究法的讨论留给植物学家和数学家。会有一处，在那里，方法也得自我消解。

我们要立足于此，试着发现黑人在面对白人文明时所采取的不同态度。

"偏远荒漠的野蛮人"并不是这里所要考虑的对象。因为对他们而言，某些要素仍然无足轻重。

从白种人和黑种人对峙的事实，我们认为有一种影响广泛的心理-存在的（psychoexistentiel）情结。我们分析它，意在摧毁它。

许多黑人将不会在接下来的文句里找到自己。

许多白人也是如此。

但对我而言，觉得自己与精神分裂患者或是性无能者的世界无关，这项事实并无法撼动他们的现实分毫。

我所描述的态度是真实存在的。我已见过无数次。

在学生身上，在工人身上，在皮加勒② 或马赛的淫媒身上，我看到同样的侵略性成分和消极性成分。

这本著作是一本临床研究。我相信，那些透过本书认识到自己的人，将往前迈进一步。我要真正地引领我黑人或白人的

---

① 译注：法农在此处的用语是"螃蟹——这是我的错"（crabe-c'est-ma-faute）。C'est-ma-faute 是马提尼克岛上一种螃蟹的俗称，它的两螯中有一螯极为巨大，从外形上看来像是在低头认错。

② 译注：皮加勒（Pigalle），巴黎市蒙马特丘下的街区，为著名的色情产业聚集地。

兄弟，用最大的能量去除那经由数世纪不理解所造成的可悲样貌。

当前工作的建筑坐落在时间性（la temporalité）中。所有人类的问题都必须从时间开始考虑。[①] 在理想情况下，现在总是用以打造未来。

这个未来并不是宇宙的未来，而是我的世纪、我的国家、我的存在（existence）的未来。不管以任何方式，我都不该企图对我身后世界进行安排。我不可化约地属于我的时代。

我之所以应该活着，是为了这个时代。未来应该是由存在的人所支撑的建构。这座建筑附属于现在，前提是我将现在看成有待超越之物。

本书前三章处理的是现代黑人。我以当前的黑人为对象，试图确定他们在白人世界中的态度。最后两章将致力于黑人存在状态的精神病理学解释和哲学解释。

我们的分析主要是逆溯式的（régressive）。[②]

第四和第五章处理的是一个在本质上并不相同的层面。

在第四章，我要批判一部在我看来危险的著作[③]。作者玛诺尼[④]先生也意识到自己立场的暧昧。或许这正是他的证词的优点之一。他尝试阐述一种情况。我们有权表示不满意，有责任让这位作者知道，我们究竟在何处与他分道扬镳。

---

① 译注：这里的"时间性"并非可测量的物理时间，而是历史时间。
② 译注：逆溯法是指透过个人生命经历及存在的社会条件来说明一个人的行为原因。
③ 奥克塔夫·玛诺尼，《殖民心理学》（Octave Mannoni, *Psychologie de la colonisation*, Paris, Ed. du Seuil, 1950）。
④ 译注：奥克塔夫·玛诺尼（Octave Mannoni, 1899—1989），他曾在马达加斯加岛居住超过20年，历任各种殖民行政职务，于第二次世界大战后返回法国，跟随拉康（Jacques Lacan）学习临床精神分析。玛诺尼在《殖民心理学》中分析了殖民者的心理状态，相较于在他之前的殖民心理研究只以被殖民者为对象，本书标志了殖民心理学研究的重要转折。

第五章，我将标题定为"黑人的实际经验"，它之所以重要有许多原因。这章呈现的是面对自己种族的黑人。众人会察觉，这章的黑人与那些想和白人上床的黑人之间毫无相同之处。在后者身上，我们发现一种想要成为白人的欲望。总而言之，一种对复仇的渴望。这里正好相反，我们将目睹黑人奋力投身于绝望的努力，以求发现黑人认同的意义。白人文明、欧洲文化，在黑人身上强加了一种存在的偏差。此外我们还将呈现：人们指称的黑人心灵，经常是白人的建构。

受过文明教化的黑人，那宣扬自发本能、宇宙和谐的黑人神话之奴隶，在某一特定时刻，感受到他的种族不再了解他。

或者是他不再了解他的种族。

他为此向自己庆贺，并且显示出这种差异、这种不了解、这种不和谐，他在这些地方发现自己人性真正的意义。或者，在更罕见的情形下，他想要属于他的人民。这是唇上的狂怒、心头的眩晕，他身陷广大的黑洞中。我们将看见如此绝美的态度，以神秘过去之名，拒斥当下和未来。

由于出身自安的列斯，我们的叙述和结论之效力只限于安的列斯人，至少适用于那里的黑人。或许会有研究致力于解释安的列斯人和非洲人之间的差异。或许我们有一天会做这件事。又或许，这样的研究会变得无用；对此，我们只会感到庆幸。

第一章　黑人和语言

我们赋予语言现象根本的重要性。这也是为什么我们认为这个研究有其必要的原因，它应该能让我们理解有色人种他为 [①] 面向中的一项要素。因为，说，在绝对意义上，就是为他者而存在。

黑人有两面，和自己同种是一面，和白人则是另外一面。一个黑人在面对白人时表现的行为举止，和在面对另一个黑人时表现的行为举止并不相同。毫无疑问地，这种自我分裂是殖民冒险的直接结果……许多理论把黑人当成是从猴子进化到人类这个过程中的后进者，殖民冒险则用这些理论所形成的心脏，为主要血管供给养分。没有人想到要对此提出抗议，仿佛这是客观明显的事实，不容置疑。

但是当人们分析了这个状况，当人们了解了这个状况，而

① 译注：此处的 pour autrui 译为"他为"，是相对于 en soi 译为"自在"，pour soi 译为"自为"。

　　"自在"是指如其所是的存在，是一种不具意识性的存在状态；"自为"是作为自我意识的对象而存在，同时也是一种具有自我意识的存在状态；相对于此，"他为"则是作为他者意识的对象而存在，同时也是一种具有他者意识的存在状态。

　　法农的"他为"，一方面是在他人注视（regard d'autrui）下存在，另一方面是通过他者而存在，亦即只有在获得他者承认下才得以存在。

又认为任务已经结束……我们怎么能够不再次倾听这个冲下**历史**阶梯的呼声："重要的并非认识世界，而是改变世界。"

这是我们生命中令人感到畏惧的重要问题。

说，不仅是在运用某种句法，掌握某种语言的词态，甚至是在承受一种文化，负载一个文明的重量。

既然这种情况并不只有单向的意义，陈述应该会受到影响。大家将会同意我们的某些观点，即使它们起初让人觉得难以接受，但我们会在事实中找到根据，证明它们的正确性。

我们在本章所要考察的问题如下：随着对法语的熟练掌握，安的列斯黑人将更加地白，换句话说，更接近真正的人。我们并非不知道，这正是人类面对**存在**的态度之一。掌握某种语言，也就掌握了这种语言所表述和指涉的世界。大家看见我们的说明所要到达之处：在对语言的掌握中，有一种非常的力量。保罗·瓦莱里 ① 对此知之甚详，因而将语言当成——

迷途肉体中的神 ②

我们打算在目前正在酝酿的著作中 ③ 研究这个现象。

此刻我们要说明的是：为什么安的列斯黑人，不论是谁，总是得面对语言问题。我们要更进一步把描述范围扩大到安的列斯人之外，而延伸到所有的被殖民者。

所有被殖民者——换句话说，所有因为当地文化的原初性被埋葬而产生自卑情结的人——都得面对开化者国家的语言，

---

① 译注：保罗·瓦莱里（Paul Valéry, 1871—1945），法国作家，著作包括诗歌、散文、论文等，于 1927 年被选为法兰西学院（Académie fraçaise）院士。

② 《魔力》（Charmes, La Pythic）。

③ 《语言和侵略性》（Le langage et l'agressivité）。

也就是母国的 ① 文化。随着学习母国的文化价值，被殖民者将更加远离他的丛林。当他拒绝他的黑，拒绝他的丛林，他会更加地白。在殖民军队中，特别是在塞内加尔土著兵团中，土著军官的首要角色是通译，将主人的命令传达给他们的同族，因而享有某种尊荣感。

有城市，有乡村。有首都，有外省。问题显然都一样。设想有个里昂人 ② 到巴黎，他会吹嘘自己城市的宁静、罗讷河河岸的醉人美景、草木的繁茂，以及那些无所事事者所歌咏的其他事情。如果您在他从巴黎返回时遇见他，特别是如果您没有去过首都，那么他会不停地歌颂：巴黎这座启蒙城市、塞纳河、时髦咖啡馆，既识巴黎，虽死无憾……

这个过程在马提尼克人的身上重现。首先，在他的岛上：

---

① 译注：这里法农的用词是 "la métropole" 及其衍生的形容词 "métropolitaine"。La métropole 于此处是指一个国家相对于其殖民地或海外领土的国土，可以说是 "法国大陆" 或 "法国本土"。另一个意义相当接近的词汇是 Mère patrie（英译本采用 mother country 的译法），直译为 "母国"，意指创设了殖民地的国家，或是创设其他国家的国家，在后一情形下亦可译为 "宗主国"；但这个词最朴素直接的意思则是指自己出生的国家。

不论是 "法国'本'土"、"宗'主国" 或是 "'母'国" 的译名，在字面上均指涉了具有亲缘认同意义的阶序关系。马提尼克岛于 1946 年举行公投，决定留在法国政治架构中，成为法国的海外省。在法农写作本书时，马提尼克岛并没有一个外在并依附于法国的政权，因此不宜译为 "宗主国"。

今日马提尼克岛或瓜德罗普诸岛的法国公民仍然继续使用 métropole 及 métropolitain 这个词，但仅是依循语言习惯以说明现实状态的语词，其词意相当于 "法国大陆" 及 "法国大陆人"。固然其中仍有历史过程中所积淀的阶序情结，但在字面上并不直接指涉包含了上下阶序的认同关系。

② 里昂（Lyon），法国罗讷–阿尔卑斯行政区（la Région Rhône-Alpes）及其下辖罗讷省（le Département du Rhône）的首府，位于罗讷河和索恩河（la Saone）汇流处，以及地中海沿岸、巴黎盆地、德国等地之间交通线的辐辏位置，是法国工商业大城。在法国工业发展初期，里昂以纺织工业闻名，而后逐渐转换为化学、石化等高污染性产业。换句话说，相较于法国其他地区，里昂市街远为热闹，环境远受污染。但在面对同样繁华的巴黎时，里昂人既然无法夸耀工商繁茂、文明昌盛，便只有反向强调自己相较于巴黎的悠闲宁静。

有巴斯角、马里戈、葛罗莫纳等村镇，与其相对的是庄严的法兰西堡。① 接着，在岛屿之外，这里是根本要点。一个认识首都的黑人成了半神。就这个主题，我要报告一项会让我的同胞感到震惊的事实。许多安的列斯人在母国住上一段不算短的时间后，返乡让自己成神成圣。面对他们，那些土著、那些不曾离开自己洞穴的"避他寠"，② 采取了一种最能够揭示问题的暧昧态度。③ 曾经在法国住过一段期间的黑人，带着激烈的转变回来。如果用基因学的术语来表达，我们可以说他的表现型（phéno-type）经历了决定性的、绝对的变化。④ 在他离去之前，人们便从他几乎是飘然的步伐中感觉到新的力量正在启动。当遇见朋友或同伴时，他不再以臂膀做出大动作来招呼：我们的"未来"谨慎地欠身行礼。原本粗野的声音，如今变成由喉咙内部运动所发出的微声，留与众人猜度。因为这个黑人知道，在法国那边，在勒阿弗尔⑤ 或马赛，有个他的理念型（idée）⑥ 将他紧紧抓住："我是麻（马）提尼克人，这是我第一

---

① 译注：马提尼克岛为西北-东南走向的长方形岛屿，中部为山地，首府法兰西堡（Fort-de-France）位于岛屿西部，临加勒比海，人口超过10万人。巴斯角（Basse-Pointe）在北部大西洋岸，马里戈（Le Marigot）在东北大西洋岸，葛罗莫纳（Gros-Morne）在中部内陆山地，今日人口均少于2万人。上述各城镇和法兰西堡之间以山地相隔。

② 译注：避他寠（bitaco），克里奥尔语，意指态度谦卑、在城市中感到不自在的农夫。

③ 译注：意指土著对那些返国者既敬畏，却又等着看他们出糗。见本章后续说明。

④ 由此我们要说：那些返乡的黑人给人一种印象，让人觉得他们完成了一种循环，为自己加入某些欠缺的事物。他们十足充实地回返。

⑤ 译注：勒阿弗尔（Le Havre）在法国北部，位于塞纳河河口，临拉芒什海峡（即英吉利海峡）。马赛（Marseille）位于法国南部，临地中海。在空运尚未发达时，是法国对外交通与外来者抵达的港口。

⑥ 译注：理型（idée），或译理念型，柏拉图提出的观念，在此观念下，个体的发展目标在符合或完成既定的模型。

至（次）到芳西（法兰西）。"①他知道那些诗人所说的"神圣的
喁语"（是说克里奥尔语）②，只不过是一种介于殖民地蹩脚法语③
和正统法语之间的中等语言。安的列斯的布尔乔亚，只有在对
仆人说话时才会使用克里奥尔语。在学校，年轻的马提尼克人
学会蔑视乡土语言，说那是克里奥尔样子。有些家庭禁止使用
克里奥尔语，要是孩子们讲克里奥尔语，妈妈们便会把他们当
成"小坏蛋"（tibandes）。

> 我的母亲要一个像备忘录一样的小孩
>
> 如果你们的历史课没有学好
>
> 你们就不能穿着星期天的服装
>
> 去星期天的弥撒
>
> 这个孩子将使我们的名蒙羞
>
> 这个孩子将成为我们的诅咒
>
> 你们闭嘴，我不是说过你们必须讲法语吗
>
> 法国的法语
>
> 法国人的法语
>
> 法兰西的法语。④

----

① 译注：此处原文字词中所有的 r 字母均被省略，Martiniquais 被念成 Matiniquais，France 被念成 Fance，première（第一的）被念成 pemie。法语中 r 的发音需震动小舌，形成 rrr … 的震动效果；马提尼克岛的克里奥尔语中没有此种音素，因此当地人在说法文时 r 音常被省略。

② 译注：克里奥尔语（le créole），加勒比海地区由各种非洲语、加勒比海地区印地安语与英、法、西、葡、荷等欧洲语混合形成的语言，最初由不同地区的奴隶用来沟通，而后在安的列斯群岛土生土长的白人也开始使用。马提尼克岛的克里奥尔语主要由法国西北部方言和非洲语混合而成，葡萄牙语和西班牙语的影响则来自黑奴经由西非洲口岸上船运送的过程。

③ 译注：蹩脚法语（petit-nègre）直译为"小黑人法语"，其中"小黑人"并不是指某种特殊的黑人族群，而是轻蔑贬抑的用语，其意义如同"小黄种人"或"小亚洲人"。

④ 莱昂-贡特朗·达马斯，"嗝儿"，《色素》（Léon-Gontran Damas, "Hoquet", Pigments）。

是的，我必须注意我的用词，因为众人多少将以此来评断我……大家在谈论我时，会带着鄙夷的态度说：他甚至不会讲法语。

在一群安的列斯年轻人中，善于表达、娴熟语言者特别令人敬畏；必须小心注意他，那是个准白人。在法国，人们会说：话讲得像本书。在马提尼克：话讲得像个白人。

进入法国的黑人，将会抗拒马提尼克人吃掉 R 音的传说。他会一直记挂着这件事，甚至进入与它公开冲突的状态。他不只会在 R 上转音，甚至还会为它们缭边。留心他人的微小反应，细听自己所说的话，提防舌头这个不幸懒惰的器官。他会把自己关在房里，念上几个小时，发奋做听写。

最近，有位朋友告诉我们一个故事。有个马提尼克人在抵达勒阿弗尔后进了一家咖啡馆，自信十足地喊出："伙伙伙计！一杯哗（啤）酒。"① 在这里，我们看到一个真正的中毒现象。由于担心无法对黑人吃掉 R 音的形象提出反击，他对这个音做了良好的储备，却不知道要妥善分配成果。

有一种心理现象，相信世界将随着边界打破而开放。黑人，其岛屿的囚徒，迷失在丝毫没有出路的气氛中，将这种欧洲的召唤当成突破气氛的出口。我们必须说，塞泽尔是宽大的。在他的《还乡笔记》中，法兰西堡这个城市确实是萧条和失败的。在那里，在太阳的侧翼，"这个单调的、炫耀的城市，被其见识所绊倒，暮气沉沉，被永劫回归的苦难重负压得喘不过气来；不从命运，暗哑无声，诸事相逆，无法以大地汁液来成长；窒

---

① 译注：此处原文为"Garrrçon！un ve dè biè"，正确的法文为"Garçon！Un verre de bière"。原句前半部刻意在 r 上转音，后半部又回到马提尼克口音，将 r 音略去。

16

碍、削截、缩减，与动植诸系断裂。"①

塞泽尔的描述一点也不诗意。我们了解，黑人在进入法国（就像我们说某人"进入世界"）的那一刻起，便兴高采烈地决意改变。而且，他在进行结构改变时并没有主题，也没有任何反省的步骤。美国有个派康（Peckam）中心，由皮尔斯（Pearce）和威廉逊（Williamson）主持。他们证明了，结过婚的人会产生一种生物化学的转变，他们似乎也发现，怀孕女人的配偶会出现某种荷尔蒙。研究那些刚抵达法国的黑人的荷尔蒙变动，或者单单测试、研究他们在出发前，以及在法国安顿一个月后的心理驱力调整，应该会一样有趣，也会发现同样的变动现象。

在一般泛称为人类科学的学科中有种悲剧性。我们是否应该假设一种人类真实的类型，描述其心理模式，只考虑它的不完善之处；难道我们不应该锲而不舍地寻求对人类的实际且常新的理解？

当我们读到，人类从二十九岁开始就无法再爱，必须等到四十九岁，情感才会再次出现，我们感到大地塌陷。除非我们能够适切地提问，否则将找不到出路，因为所有这些发现、所有这些研究试图要做的只有一件事：让人类承认自己什么也不是，完完全全地不是，因此人类必须结束这种自认与其他"动物"不同的自恋行为。

这不折不扣是人类的屈服。

在反省这些问题之后，我双手紧紧抓住我的自恋，拒斥那些想把人类当成机器的卑鄙行为。如果辩论不能在哲学层面展开，换句话说，在人的实在（la réalité humaine）之根本需求处

<hr>

① 埃梅·塞泽尔，《还乡笔记》，页30（Aimé Césaire, *Cahier d'un retour au pays natal*, Paris, Présence Africaine, 1956, p.30）。

展开，那么我会赞成在精神分析的层面进行，也就是在"失败处"进行；这里所说的"失败"，就如同人们说马达发动失败一样。①

进入法国的黑人之所以转变，是因为对他而言，母国代表圣体龛；②他之所以改变，不单单因为从那里传来了孟德斯鸠、卢梭、伏尔泰，还来了医生、行政首长，以及无数拥有绝对权力的小人物——从"服务十五年"的士官长，一直到出身帕尼希耶尔③的宪兵。距离让人着迷，一星期后即将前往母国的人，在他身旁创造了魔法圈，在这个圈内，巴黎、马赛、索邦、④皮加勒相当于拱顶石⑤离去，其存有的截肢状态也就随着邮船轮廓的清晰而消失。他在送别者的眼中读到了他的力量、他的转变。"别了！马德拉斯。⑥别了！头巾……"

现在我们已经把他带到港口，就让他去航行吧，我们会再找到他的。这会儿让我们先会见其中一个返乡者。"刚抵达者"从第一次接触就展现自己的身份，他只用法语答话，而且通常不再听得懂克里奥尔语。关于这点，民俗为我们提供了说明。有个农夫在法国生活了几个月之后回到老家，瞧见一部农具，便问他父亲——通常大家不会向一个乡下老人家询问这样的事："这部机器叫什么？"他爸爸将农具丢到他的脚下作为回答，他

---

① 译注：这里所说的"失败处"，就是心理情结。马达之譬喻，犹如说一个人原应"正常"启动，却因为生命经历而产生心理情结，无法顺利运转。

② 译注：圣体龛（le Tabernacle）是教堂祭坛中央存放圣杯、圣体饼的小柜子。

③ 译注：帕尼希耶尔（Panissières），法国东南部罗讷-阿尔卑斯区（Rhônes-Alpes）罗亚尔省（Loire）的小镇，今日人口约3000人。

④ 译注：索邦（Sorbonne），位于巴黎拉丁区的著名大学。

⑤ 译注：拱顶石（les clés de voûte），一方面引申为关键所在，另一方面也象征母国即为神之穹宇，巴黎、马赛、索邦、皮加勒是组成穹拱的一部分，或通往穹顶的关键。

⑥ 译注：马德拉斯（madras），一种格子样式、色彩鲜丽的纺织品，多为棉质，有的混以丝线。首先出现在印度马德拉斯，经印度劳工传入安的列斯群岛，成为盛行的服饰风格。以马德拉斯布制作的帽子也称为马德拉斯。

的失忆症应声消失。多么独特的疗法。

　　这里有个刚抵达者。他不再聆听乡土语言，谈论着那个他说不定只有远远看过的歌剧院，特别是他对同胞采取了批判的态度。即使面对的是微不足道的事情，他也要表现出很有见解的样子。他是见多识广之人。他要以语言来展现自己。在萨瓦纳（la Savane）广场（法兰西堡的年轻人聚集之处）所上演的戏就相当具有说明性：众人很快就会请刚抵达者讲话——这些年轻人走出高中和其他学校后就到萨瓦纳聚会。萨瓦纳似乎有种诗意。您可以想象有个空间，两百米长、四十米宽，侧面以被虫蛀蚀的罗望子树为界，上边是祖国为感谢子民所设立的巨大的亡者纪念碑，下方是中央府。这个空间因为铺面石块大小不一而扭曲变形，碎石子在脚下滚动，三四百名年轻人在里面走上走下，彼此攀谈，相互拉扯；不，他们从不相互拉扯，而是相互离去。

　　"好吗？"

　　"还好。你呢？"

　　"还好。"

　　众人将这样继续五十年。是的，这是一座惨败的城市。这一生也是如此。

　　他们碰面、谈话。如果刚抵达者很快就有了发言权，那是因为众人等着他。首先在形式上：即使是微小的错误也会被逮住，被剖析，在四十八小时内，整个法兰西堡都会知道这项错误。显露出优越感的人如果没有尽到责任，大家是不会原谅他的。譬如，他要是说"我在法国未曾有幸见到骑马的宪兵"，那他就完了。他只有一种选择：要么褪去他的巴黎样子，要么就死在示众柱上。因为大家如何都不会忘记；当他结婚，他的太太会知道自己嫁给了一段故事，他的孩子将有一段轶闻要面对并克服。

这种人格改变从何而来？这个新的存在形式从何而来？达姆雷特和皮雄 ① 说：所有的方言都是一种思考方式。而对新近抵达的黑人而言，采用一种不同于他所出生群体的语言，也就展现了一种距离、一种区分。威斯特曼 ② 教授在《今日非洲》（*The African today*）中写道，黑人有一种自卑感，特别是受过教育者，他们不断努力要控制这种感觉。他并补充说，他们使用的方式经常是天真的，"穿着欧洲服装或是最近流行的烂衣服，用欧洲人使用的物品，遵循礼节的外在形式，用欧洲习惯用语来装饰本地语言，在说写欧洲语言时使用浮夸的文句，所有这些行为都是为了试着达到和欧洲人及其生存方式同等的感觉"。

借由参考其他著作及我们自己的观察，我们要尝试说明，为什么黑人在面对欧洲语言时会用如此特殊的方式自处。我们要再次提醒，将会获得的结论只对法属安的列斯人有效；然而，我们也注意到同样这些行为会出现在所有被殖民的种族身上。

我们遇过出身达荷美及刚果的同学自称是安的列斯人，而且不幸地，我们将继续遇到这样的人；我们遇到过而且将继续遇到，安的列斯人在被怀疑是塞内加尔人时勃然大怒。因为安的列斯人比非洲黑人更"开化"：意思是更接近白人；这种差异不只存在于街巷或大道上，也存在于政府部门和军队中。所有

---

① 译注：达姆雷特（Jacques Darmourette，1873—1943），法国语言学家；皮雄（Édouard Pichon，1890—1940），法国精神分析学家，达姆雷特之侄。皮雄被认为是法国精神分析的创始人之一，其分析理论结合了索绪尔的语言学与弗洛伊德的精神分析。达姆雷特与皮雄在1911年到1950年间合作撰写了7卷的《从字词到思想：法文文法论》（*Des mots a la pensée. Essai de grammaire de la langue française*，7 volumes，Paris，Éditions d'Artrey）。

② 译注：威斯特曼（Diedrich Westermann，1875—1956），德国传教士及语言学家，在西方现代学术体系中，他是非洲语言学的创立者之一。

在塞内加尔土著兵团服过兵役的安的列斯人，都经历过这种令人不安的情况：一边是欧洲老侨民或是欧洲人，另一边是土著兵。记得有一天，在执行清剿机枪掩体的任务时，问题被提了出来。塞内加尔人被派出三次，三次都被击退。当时，其中一个人问道：为什么土巴①不去？在那一刻，我们已经不知道自己是谁，究竟是土巴还是土著。然而许多安的列斯人对这种情况并不会感到不安，相反，这样的事被认为完全正常。没有什么事会比把我们看成和那些黑鬼一样更离谱的了！欧洲人蔑视塞内加尔土著兵，而安的列斯人也以无需争议的主人姿态来治理这些黑人。此外，还有更极端的，我要报告一件好笑的事实：最近，我和一个马提尼克人谈话，他愤怒地告诉我，有些瓜德罗普人冒充成马提尼克人。但是，他紧接着说：我们很快就察觉不对劲，他们比我们更野蛮；他们距离白人更远。有人说黑人喜欢吵闹；对我而言，当我念出"吵闹"这个词，我看见的是一群雀跃的小孩，向世界发出无目的的、嘶哑的呼喊；小孩沉浸在游戏之中，而游戏可以看成生命的启蒙。但从黑人喜欢吵闹这件事，很快就导引出一种新的主张：黑人只不过是小孩。精神分析师在这里颇有发挥之处，口腔性（oralité）这个词很快就会脱口而出。

但我们必须走得更远些。语言这个问题太重要，以至于无法在此处整体地提出。皮亚杰（Piaget）杰出的研究告诉我们如何区分语言出现的各个阶段，杰柏（Gelb）和古德斯坦（Goldstein）的研究则显示出语言的运作是逐级逐步分配的。这里我们感兴趣的是面对法语的黑人，我们想要了解为什么安的列斯人喜欢说法语。

---

① 译注：土巴（toubab）是塞内加尔通行的乌罗夫语（wolof）词汇，意指白人；在实际使用中，也指采取欧洲人生活方式的非洲人。

21

萨特 ① 在《黑人和马尔加什 ② 诗选》(*Anthologie de la poésie nègre et malgache*）的导论中告诉我们，黑人诗人会转而反对法语，但对安的列斯诗人而言，这种说法是错的。就这个问题，我们还可以看看米歇尔·雷里斯 ③ 先生的意见，他在不久之前对克里奥尔语做了如下的说明：

"所有人或多或少知道的民间通行语言，但只有不懂法文的文盲才讲。当教育普遍扩散到贫苦不幸的阶层时（受制于为数极为有限的教学机构、公共阅读的缺乏，以及通常过低的物质生活水准，其进展是如此缓慢），克里奥尔语早晚会变为残存的古语。"作者还加上一段："对于我在这里提到的诗人，他们所要做的，并不是像菲列布里什派 ④ 文学所展现的民俗风情一样，以借用的语言来表现自己是'安的列斯人'；更何况，不论克里奥尔语的内在质地如何，它并没有文明外烁的光辉；这些诗人的努力，为的是在面对充满糟糕的种族偏见以及愈益表现出无理骄傲的白人时，证明他们自身人格的完整。" ⑤

虽然有个吉尔贝·格拉提昂 ⑥ 用乡土语言书写，但我们必须

---

① 译注：让-保罗·萨特（Jean-Paul Sartre，1905—1980），法国哲学家和作家，存在主义的代表人物。

② 译注：马达加斯加岛居民称为马尔加什人，或依照英文译为马拉加西人（Malagasy）。

③ 译注：米歇尔·雷里斯（Michel Leiris，1901—1990），法国民族学家和作家，于20世纪20年代参与超现实主义运动，20年代末投身民族学，30年代末转而投入精神分析式的自我探索。

④ 译注：菲列布里什派（félibrige），1854年在法国南方普罗旺斯成立的文学流派，主张用南方的奥克语写作。

⑤ "马提尼克-瓜德罗普-海地"，《现代》，1950年2月号（"Martinique-Guadeloupe-Haiti"，*Temps Modernes*，février 1950）。

⑥ 译注：吉尔贝·格拉提昂（Gilbert Gratiant，1895—1985），生于马提尼克岛，10岁前往法国本土，后陆续在马提尼克岛及巴黎担任教师。1931年出版了第一部诗集《错韵诗》（*Poemes en vers faux*）；1935年起的诗作全部改用克里奥尔语写作。他于1945年加入共产党，反对种族歧视相关法律，并在1960年时参与推动马提尼克自治。

承认这是罕见的，而且作为诗歌，这些创作的价值也相当令人怀疑。相反，有些翻译自乌罗夫语 ① 或颇尔语 ② 等塞内加尔方言的作品具有真正的价值，谢克·安塔·迪奥普 ③ 的语言学研究也让我们感到兴味盎然。

在安的列斯人这边，情况全然不同。官方语言是法语；小学教师密切地监视着孩子们，不让他们讲克里奥尔语。这些理由我们只字不提，因此在表面上，问题便可能被界定成：在安的列斯群岛和布列塔尼（Bretagne）一样，既有方言，又有法语。但这种说法是错的，因为布列塔尼人并不认为自己不如法国人。布列塔尼人并没有被白人所教化。

如果不增加分析元素，我们可能无法掌握问题的症结所在；然而，告诉黑人这件事是重要的，决裂的态度从来没有解救过任何人。如果说我必须从让我窒息者那里将自己解放出来，那是因为我真的无法呼吸；同样明显的是，在生理基础上（呼吸的机械性困难）植入心理因素（扩展的不可能），只会变得病态不健康。④

这里要说的到底是什么？很简单：当一个获得哲学学士学位的安的列斯人宣称因为肤色而不愿参加学衔 ⑤ 考试，我要说哲

---

① 译注：乌罗夫语（ouolof）是分布于塞内加尔中部的乌罗夫族（Ouolofs 或 Wolofs）所使用的语言。

② 译注：颇尔语（peuhl）是西非游牧民族颇尔人（Peuls）使用的语言。

③ 译注：谢克·安塔·迪奥普（Cheik Anta Diop，1923—1986），塞内加尔政治人物及历史学家。他于 1945 年到法国研习社会科学，深深感受到欧洲人对非洲的认识及知识建构充满了偏见。于是他开展出自己的研究视角，成为非洲自身考古学的开创者。在学术研究之外，他还积极参与政治活动，担任左派反对党"国家民主联盟"（Rassemblement national）的党魁，直到去世。

④ 译注：本段法农先说明加入新分析要素的必要性，接着提醒不能只是将一项新要素移植或嫁接到原来的分析要素上，这样反而会造成病态的反应。在下一段中，法农便举某些受了高等教育的黑人的表现为例，来说明病态反应的情形。

⑤ 译注：学衔（agrégation）即参加法国大学或中学教师资格考试合格所拥有的资格名衔。

学从来没有拯救过任何人。当另一个人努力向我证明黑人像白人一样有才智，我要说：才智也从未拯救过任何人，这是事实；如果人们是以才智和哲学之名来宣称人类平等，同样也是以此名义决定人类的灭绝。

在继续讨论之前，我们觉得必须先说明一些事。我在这里要说的，一方面是异化的黑人（被欺骗者），另一方面是同样异化的白人（欺骗者和被欺骗者）。萨特和维尔迪耶（Verdier）枢机主教说，黑人问题这项耻辱已经存在太久了；我们只能下结论说他们的态度正常。我们也可以举出更多的参考文献和引语，说明"肤色的偏见"实际上是愚蠢的，是应该被消灭的罪恶。

萨特如此为他的"黑色俄耳甫斯"① 开场："当您拿掉塞在这些黑嘴里的东西时，您期望的是什么？这些黑嘴会唱起对您的颂歌？这些被我们的父祖用力压到地上的头颅，当他们再次抬起时，您是否想过要在他们的眼中看到仰慕之情？"② 我不知道，但在我眼中搜寻的人，如果他想找的不是恒久的探问，那他应该是瞎了眼。他能找到的既非感激，也非恨意。如果我发出一声大喊，那一点也不是黑人之声。不，这里采取的观点并没有黑人问题。即使有的话，至少白人并非当事人，要有也是偶然。这是一段在黑暗中发生的历史，我所放牧的太阳必须照亮最隐蔽的角落。

在内罗毕的马他里（Mathari）精神病医院服务的戈登（H. L. Gordon）博士，在一篇发表于东非《医学报道》（*Press médicale*）的文章中写道："一项以最尖端科技针对一百名正常土著的脑部所做的观察，用肉眼确认了他们的脑部缺乏新的、最后发展阶段的细胞类型。并且，"他还说，"在数量上，这个

---

① 译注：俄耳甫斯（Orphée），希腊神话中善弹竖琴的诗人和歌手。
② 萨特，"黑色俄耳甫斯"，《黑人与马尔加什诗选》序文（Jean-Paul Sartre, "Orphée noir", préface à l'*Anthologie de la poèsie nègre et malgache*）。

缺陷比例达到百分之十四点八。"（转引自阿兰·伯恩爵士 ①）

有人说黑人把猴子和人联系起来，当然，这里所说的人是白人；一直到第一百二十页，伯恩爵士才下结论："有些理论宣称黑人比白人低等，或是黑人来自不同的根源，我们无法认为这样的理论是经过科学证实的。"让我们接着补充，我们很容易就可以指出某些说法的荒谬，例如："据《圣经》记载，白种人和黑种人的区分在天上一样存在，就如同在地上一般。被接纳到天国的土著，将发现他们被分别引导到天父的某些房舍，如同《新约》中所载。"或是："我们是上帝的选民，看看我们的肤色，其他的人种或是黑色，或是黄色，这是因为他们的罪。"

就如大家所见，借助于人道、尊严、爱、仁慈，我们很容易就能证明并让人们承认黑人和白人相等。但我们别有目标：我们要帮助黑人从殖民情境所产生的情结军火库中自我解放。里昂派克中学的老师阿希尔（Achille）先生在一场研讨会中引述了个人的经历。这段经历众所皆知，住在法国的黑人，很少没有亲身经历过这类事情。做为一名天主教徒，有一次他参加学生的朝圣活动。一名教士瞧见晒成古铜色的他在队伍里，便对他说："你，离开大草原，跑来跟我们一起，为什么？"这位被质问者非常有礼貌地回答，因为这段遭遇而感到困窘的人并不是大草原的年轻逃兵。众人对这个指鹿为马的事件哈哈一笑，朝圣队伍继续前进。但如果我们思考这件事，这位教士讲蹩脚法语这项事实，可能会引起各种评语：

一、"黑人，我知道他们；对他们说话要很和善，要跟他们聊他们的家乡；要知道怎么跟他们讲话，这是关键所在。请

① 《种族和肤色的偏见》(Le Prèjugè de race et de couleur, p.112. 英译注：Sir Alan Burns, Colour Prejudice, London, Allen & Unwin, 1948, p.101)。

看……"我们并没有夸张：白人对黑人讲话的样子正如同大人对小孩，娇声、低语、可爱、温存。我们观察的并不是一个白人，而是数百个；我们的观察并非基于这个或那个社会类属，而是用一种基本上客观的态度，就医生、警察、企业家等等不同的对象来研究这项事实。有些人因为忘记了我们的目标，而对我们说，我们应该要举其他事证来支撑我们所关注的问题，因为有些白人与我们的描述并不相符。

我们要答复这些反对者，此处我们所批评的对象是受骗者和欺骗者，他们同样都是被异化的人；至于那些在面对黑人时表现健康的白人，恰恰不是我们要处理的案例。并不因为我的病人肝脏运作正常，我就说他肾脏也很健康。既然肝脏确认正常，我就随它去，不去管正常的部分，而转向有病的肾脏。这里要说的是，在那些依据人类心理学表现健康的正常人之旁，有着依据非人心理学表现病态的人。这类人的存在，决定了一定数量的有待清理之关系，这也是我们希望有所贡献之处。

用这种方式对黑人讲话，是为了走向他们，让他们感到自在，是想让自己被他们所了解，让他们安心……

诊疗室的医生对此知之甚详。二十个欧洲人病患接续而入："先生，您请坐……您为何而来？……您哪里不舒服？……"要是来的是黑人或阿拉伯人："我的朋友，坐……你怎么了？……你哪里痛？……"甚至就说："你啥毛病？……"

二、对一个黑人讲蹩脚法语，是在惹恼他，因为这表示他就是"那个讲蹩脚法语的人"。然而，有人会对我们说，这并没有惹恼对方的企图或意愿。我们同意，但人们正是以这种不经意、自然、随便、轻率，而将黑人固定，将黑人禁锢，将黑人原始化、反文明化，正是这种不经意让人恼火。

如果那些对有色人种或阿拉伯人讲蹩脚法语的人，不认为在这种行为中有瑕疵及缺点，那是因为他从来不反省。就笔者个人而言，有时在询问某些病患时，我会感觉到自己的态度在何时开始滑动……

面对这个七十三岁、心智衰弱、逐渐痴呆的老农妇，我突然感到自己用来探触和被探触的触角崩毁。我使用适合于老年痴呆及心智错乱者的语言这项事实，我向这位七十三岁的可怜老妇"俯身"这项事实，我走向她寻求诊断这件事，是我在人与人关系上的退却及污点。

有人会说，这是个理想主义者。不，那是因为其他人是混蛋。我自己在对"蔽窠"① 说话时总是用正确的法语，他们也都能了解。他们尽其所能回答我，但我不允许自己采取家长般的态度去理解。

"早安，我朋友！你哪痛？啊？说看一下？胃？心？"

……这种土腔，诊疗室的下阶层民众很熟悉。

当对方以同样的方式回答，众人便觉心安理得。"您看到了吧！大家不是在跟您说笑。他们就是这个样子。"

如果发生相反的案例，那就必须收回伪足，装出人样 ②。此时整个构造都要崩塌。如果一个黑人对您说："先生，我根本不是您的朋友……"这可是大千世界的新鲜事。

但我们必须到更为市井的场所看看。您在一间咖啡店，这间咖啡店可以是在鲁昂（Rouen）或斯特拉斯堡（Strasbourg）等任何一个城市，不幸有个老酒鬼注意到您，很快地坐到您这张

---

① 译注：蔽窠（bicot），源于阿拉伯语，为小山羊的俗称，被用来指北非的土著或阿拉伯人，为带有种族歧视意涵的用语。

② 译注：伪足是单细胞生物运动时，由于细胞质朝运动方向流动所形成的变形延伸。此处法农使用伸出伪足，指称（白）人在未经反省下的行为展现，这时（白）人的行为也如单细胞生物一样是"原始化"的。但若对方以"文明人"的说话方式来回应，这时（白）人受到刺激，便需收回伪足，装出"文明的"人样。

桌子来："你非洲人？达喀尔、吕菲斯克①、妓院、女人、咖啡、芒果、香蕉……"您起身离去，一连串咒骂随之而来："脏黑鬼，在你老家那种鸟不生蛋的地方，你什么屁都不值！"

玛诺尼先生曾经描述了他所说的普罗斯佩罗情结②。我们会再回头讨论这些让我们得以了解殖民主义心理学的发现，但我们已经可以说——

讲蹩脚法语，就是在表达这种观念："你，待在你该待的地方。"

我遇到过法语讲得很差的德国人或俄国人。透过手势，我试着给予他需要的信息，但在这么做的同时，我不会忘记他有自己的语言和国家，而且在他的文化里，他可能是位律师或工程师。无论如何，我的群体对他而言是陌生的，他的规范应该是不同的。

要是碰到黑人，事情就不一样了。黑人没有文化、没有文明、没有"悠久的历史"。

我们或许能在这里重新找到当代黑人努力的源头，那就是要不惜代价向白人世界证明黑人文明的存在。

不管愿不愿意，黑人都必须穿上白人为他裁制的衣裳。看看那些给小孩看的画刊，所有的黑人照例在嘴上挂着"是，先生"。在电影里，事情就更离谱了。大部分的美国电影在法国配音时，都复制了"巴娜尼亚好棒"③这类黑人腔。最近上映

① 译注：达喀尔（Dakar）为塞内加尔首都；吕菲斯克（Rufisque）为塞内加尔的港口。
② 译注：玛诺尼在《殖民心理学》中借用莎士比亚剧作《暴风雨》中的人物普罗斯佩罗（Prospero）和凯列班（Caliban），区分了殖民者和被殖民者两种心理状态。法农在本书第四章对玛诺尼的论点做了进一步的分析。
③ 译注："Y a bon banania"是banania品牌巧克力冲泡饮料的广告台词，语意相当于"巴娜尼亚好棒"（C'est bon, banania）。广告中的黑人咧嘴露出白牙，讲着与正统法语相去甚远的蹩脚法语。广告商试图呈现异国情调的气氛，但采取一种具有种族歧视意味的表述方式。

的电影《钢鲨》^①，大家看到一个驾驶潜水艇的黑人，说着最典型的土话。而且，他长得很黑，走在后头，下士稍微愤怒都会让他战栗不已，最后他还在冒险过程中被杀。我相信原来的版本并不会有这样的表达模式。即使存在，我也看不出为什么在有六千万公民是有色人种^②的民主法国，我们连大西洋彼岸的愚蠢行为都要配音。好像黑人就应该表现出特定的态度，从《铁石心肠》^③中的黑人说出"我，好工人，从不欺骗，从不偷窃"，一直到《太阳浴血记》^④中的仆人，我们一再看到这种刻板印象。

大家要求黑人当个好黑人；一旦这种想法被确定，其余的事也就自动跟着来。让他讲蹩脚法语，正是将他固定在他的形象上，将他沾黏，将他囚禁，让他成为某种本质、某种显现（apparaître）的永恒受害者，然而他对此显现并没有责任。就如同用钱而不算计的犹太人必然行迹可疑，引用孟德斯鸠的黑人自然也应该被监视。希望大家能了解我们要说的：被监视，意思是说在他身上有些事开始发生。当然，我并不是要说黑人学生被他的同学或老师所怀疑。但是在学院环境之外，还存在着

---

① 译注：《钢鲨》（*Requins d'acier*），美国导演阿尔奇·梅奥（Archie Mayo）1943 年的作品，原片名为 *Crash Dive*（《紧急下潜》），剧情描写第二次大战期间，美军潜艇舰长和舰上军官同时爱上一位女子而产生紧张，但在执行摧毁德军基地的任务时，他们捐弃了情感恩怨，同仇敌忾，终于获得胜利。

② 译注：本书于 1952 年出版，在 1950 年时，法国本土人口数约为 4201 万人；1954 年时，法国各殖民地的人口总数约为 5651.8 万人，其中包含白人移殖民及其后代。这里所说"6000 万公民是有色人种"，是取当时各法属殖民地总人口的约数。

③ 译注：《铁石心肠》（*Sans Pitié*），意大利导演阿尔贝托·拉都达（Alberto Lattuada）1948 年的作品，原片名为 *Senza Pieta*，剧情描写二战后，一位年轻意大利女子与一位美国黑人大兵悲剧的相遇。

④ 译注：《太阳浴血记》（*Duel au soleil*），美国导演金·维多（King Vidor）1946 年的作品，原片名为 *Duel in the Sun*。本片背景为 1880 年美国得州，剧情描写一位由白人父亲和印第安母亲所生的混血女孩，在父母死后投靠亲戚并与两位表兄发展出纠结的情感。

29

一大群蠢人：重要的并非教育这些人，而是引领黑人不要成为自己原型的奴隶。

这些蠢人是经济／心理结构的产物，这点我们同意，但这并不能让我们从这个结构更往前推进。

当一个黑人谈论马克思，人们的第一个反应如下："我们培养你，现在你却反过来反抗你的恩人。忘恩负义！从此我们对你没有什么好期待的了。"同样地，非洲的种植园主有这么一种让人目瞪口呆的说法：我们的敌人，就是教师。

我们所确认的是，欧洲人对黑人有一种既定观念，最惹人生气的是听见有人问道："您来法国多久了？您的法文讲得很好。"

或许会有人回答我说，这是因为事实上有很多黑人讲蹩脚法语。但这种说法太简单了。在火车上，您问道：

"先生，打扰您，请问餐车怎么走？"

"嗯，我的朋友，你，那边，沿通道直走，一、二、三，就是那里了。"

不！讲蹩脚法语，就是在囚禁黑人，就是在延续白人用剧毒异物侵扰黑人的冲突情况。没有什么事会比黑人正确运用法语更惊人的了，因为他真的承接了白人世界。有时我们会与外籍学生交谈。他们法语讲得不好：小鲁宾逊（又名普罗斯佩罗）① 却觉得安然自在。他解释、告知、评论，帮助他们整理课堂笔记。但在面对黑人时，却惊愕不已：他，他竟然跟得上。要是跟他，这场游戏就玩不下去了，他可是个十足的白人翻版。得向他鞠躬致意才行 ②。

----

① 译注：这里法农以笛福（Defoe，1660—1731）笔下的鲁宾逊和莎士比亚笔下的普罗斯佩罗这两个显现白人优越性的角色，来指称那些安然自在的白人外籍同学。

② "我认识一些医学院的黑人……简单地说，他们令人失望；他们（转下页）

在所有事情都已述说之后，我们了解，黑人的第一个反应是对那些想要定义他们的人说不。我们了解，黑人的第一个行动就是反应（réaction）；既然黑人是按照自己的同化程度而被评价，我们就能了解，为什么刚抵达者只用法语表达。因为他要强调从此产生的断裂。他体现了一种人类的新类型，并将它强加给自己的亲友。而对那位已经搞不清楚究竟发生什么事的老母，他诉说着那些布衫、杂乱的小屋、木棚……所有这些事情都装饰着适切的口音。

　　世界上所有国家都有初来乍到的人："那些不再能感觉到自己的人"，以及与其相对的，"那些保存着他们根源的观念的人"。从母国返回的安的列斯人，如果想强调自己并没有改变，他会用乡土语言讲话。我们在码头上就能感觉到，亲友在那里等着他。等他，并不只是因为他即将到达，也是在说：我在转折点等他。诊断过程只需要一分钟。假如刚抵达者对他的朋友说："很高兴能和大家再次相聚。我的天，这个地方天气很热，我应该不会在这里待太久。"众人便了解：是个欧洲人来了。

　　在一个更特别的法则中，当安的列斯学生在巴黎相遇，会出现两种可能性：

　　——或是支持白人世界，也就是说真正的世界，那么他们会采用法语，他们可能会思考某些问题，并尝试在他们的结论中，得出某种程度的普遍性；

（接上页）的肤色应该能够让他们给予我们表现仁慈、宽大或友好的机会。他们没有尽到这个责任，没有尽到我们诚意的要求。所有我们令人落泪的温柔，所有我们狡猾的恳求，都只能留在怀中。我们没有黑人好哄，也没有什么好恨他们的；他们对我们在日常善恶之行的天平上，只能称得上微少的分量。"——米歇尔·萨罗蒙，"从一个犹太人到一些黑人"，《非洲存在》(Michel Salomon, "D'un juif à des nègres", *Présence Africaine*, n°5, p.776)。

——或是拒绝欧洲和"欧洲仔"（Yo）[1]，使用乡土语言交谈，舒服地安坐在我们称为马提尼克环境（umwelt）的地方；这里我们要说的，特别要对我们安的列斯兄弟说的是，不管在巴黎或在其他城市的大学，当我们的同伴试着认真思考问题时，人们就指责他自以为了不起。让他缴械的最好方法，就是挥舞克里奥尔语的大旗，让他转向安的列斯世界。许多友谊在经历一段时间的欧洲生活之后触礁，原因正在于此。

既然我们的目的是黑人的去异化，我们希望他们感觉到，每一次在面对白人时，只要他们彼此不理解，那就有缺乏洞察力的情形。

一个塞内加尔人学讲克里奥尔语好冒充成安的列斯人：我要说这是异化。

认识他的安的列斯人不断地嘲笑：我要说这是缺乏洞察力。

如众人所见，研究安的列斯人的语言，能向我们揭示其世界的一些特点，我们并没有错。我们在一开始就说，在语言和群体间有一种支撑关系。

说一种语言，是在承担一个世界、一种文化。想成为白人的安的列斯人，当他把语言这项文化工具转化成自己的一部分，就会更像白人。差不多一年前，我到里昂参加一场研讨会，就黑人诗歌与欧洲诗歌进行比较，会后有位法国本土的同学热情地对我说："其实你是个白人。"我以白人的语言研究一个有趣问题，是这样一件事让我被接纳。

我们必须了解，从历史上来看，黑人希望说法语，因为这是一把可能用来打开各道门的钥匙，而在五十年前，黑人还不被允许使用这把钥匙。我们会发现，我们描述框架中的安的列斯人，有一种对语言细致性与稀有性的追寻——他们用各种方

---

[1]　用来指属性上的他人，特别是欧洲人。

32

法来向自己证明，自己在文化上是够格 ①。有人说：安的列斯的演说家有一种让欧洲人喘不过气的表达力量。这让我想起足以说明问题的一件事：在一九四五年选战时，塞泽尔是国民议会议员候选人，有次他在法兰西堡一所男校演讲，一位妇女在听讲时晕倒。隔天有位同学在叙述这件事情时评论说："法语那么热，让那女人激动到不行。"② 语言的力量多么强大！

还有几项值得注意的事：例如夏尔－安德烈·朱利安 ③ 先生介绍塞泽尔是"一位获得学衔的黑人诗人"，甚至直截了当地用"伟大的黑人诗人"这样的用语。

这些惯用说法似乎符合了人情世故的要求，因为埃梅·塞泽尔终究是黑人，也是诗人；然而有种狡诈隐藏其间，有个症结经久难解。我不管谁是让·波朗，④ 只知道他写了很值得关注的作品；我也不管凯卢瓦 ⑤ 的年纪，只注意他的生命那不时照耀天际的表现。但愿众人不会用情感过敏来指控我们；我们要

---

① 例如某位候选人竞选国民议会议员的过程中，出现无数令人难以置信的轶事。有份名叫《脱链鸭》(Canard déchaîné)的垃圾报，不停地以令人五内翻腾的克里奥尔样子来报道 B 先生。对安的列斯人而言，不懂得用法文表达，实际上已成为难以承受的沉重打击。

② 这句话的优雅形式如下：法语是如此热情，竟让那位妇女激动到失去控制。

③ 译注：夏尔－安德烈·朱利安(Charles-André Julien, 1891—1991)，法国历史学家，专精北非史。他于1916年到北非，认识到殖民体制的不公义。二战后第四共和时期，法国为稳固和殖民地的关系成立了"法兰西联盟"，法农写作本书时，朱利安正担任"法兰西联盟"理事会参赞。

④ 译注：让·波朗(Jean Paulhan, 1884—1968)，法国作家，于1925年到1940年、1953年到1968年间担任《新法兰西杂志》(Nouvelle Revue française)主编，以语言、文学理论及艺术评论而闻名。1963年当选法兰西学院院士。

⑤ 译注：凯卢瓦(Roger Caillois, 1913—1978)，法国学者，他与巴塔耶(Georges Bataille)和雷里斯(Michel Leiris)于1937年共同创办了以研究社会中神圣事物之表现为宗旨的社会学学院(Collège de sociologie)，40年代创设布宜诺斯艾利斯法兰西研究院，返回法国后创办人文期刊《第欧根尼》(Diogène)，并在超现实主义和启蒙理性传统的影响下，投身想象机制的研究。1971年当选法兰西学院院士。

说的是，布勒东（Breton）先生 ① 没有理由在介绍塞泽尔时说："这是位能够驾驭法文的黑人，今天没有一个白人能像他那样驾驭法文。"②

即使布勒东先生表述的是事实，我也看不出来哪里矛盾，哪里需要强调，因为埃梅·塞泽尔先生终究是马提尼克人，而且还取得了大学学衔（教师资格）。

我们要再次回到米歇尔·雷里斯先生，他写道："即使安的列斯作家有种想和连接于官方教学的文学形式决裂的意愿，由于心里记挂着要朝向一个更宽广的未来，这种意愿并不会套上一种民俗风貌。他们最渴望的是在文学上提出属于自己的信息，有几个人则希望自己至少能为可能性被轻忽的真正种族担任发言人。他们的智识养成几乎完全透过法语，要求助于一种除非透过学习否则几乎不再能够使用的语言，他们是不屑采用这种伎俩的。"③

但是，黑人会反驳我说，一个像布勒东一样的白人写这些事情，对我们而言是一种荣耀。

让我们继续……

---

① 译注：安德烈·布勒东（André Breton，1896—1966），法国作家，超现实主义运动的代表人物。
② 《还乡笔记》导论，页14。
③ 米歇尔·雷里斯（Michel Leiris），同前引文。

34

第二章　有色女和白男

　　人类是朝向世界及朝向自己同类的运动。侵略性运动，造成奴役或征服；爱的运动、自我牺牲，则是一般同意称为伦理导向的终极阶段。所有的意识似乎都能显示出这两种成分，或是同时，或是交替。就动能而言，我热爱的人支撑了我男子气概的勃发；而自己是否值得他人崇敬与爱慕，这项忧虑在我的世界观中编织了一个更被人看重的上层结构。

　　要理解这项法则的各种现象，精神分析师和现象学家所必须进行的工作显得相当艰难。如果说萨特完成了对失败之爱的描述——《存在与虚无》正是对于错信①和不真诚的分析——那么还有真正的、真实的爱——希望他者也能拥有我们为自己所要求的事物，只要这项要求包含了人类实在的恒久价值——需要动员从无意识冲突中完全解放出来的心理审级②。

　　在身后远处，一场对抗他者的巨大斗争所带来的最终后遗症消失了。今天我们相信爱的可能，因此我们要致力揭露爱的

---

① 译注：错信（la mauvaise foi），是对自身存在状态的自我欺骗。它并不全然为虚假谎言，而是一种介于真诚和欺骗之间的状态。陈宣良等在翻译《存在与虚无》时，将这个词暂译为"自欺"。参见该书译后记（1978，北京三联；1990，台北桂冠；2000，台北猫头鹰）。

② 译注：在弗洛伊德的精神分析理论中，审级（instance）是指本我（le ça）、自我（le moi）、超我（le surmoi）等心理区分。审级一词在强调它们对意识所产生的审查检禁作用。

不完善和败坏之处。

本章讨论的是有色人种女性与欧洲人的关系，我们要做的是确认：只要自卑感或阿德勒狂热（exaltation adlérienne）、过度补偿等，这些似乎是黑人世界观的指标还没有被驱除，就不可能会有真诚的爱。

毕竟，在《我是马提尼克女人》中提到："我应该会想结婚，但必须是和白人。不过在白人眼中，一个有色女人从来不会受到尊重。即使他爱你也一样。我知道。"① 当我们读到这段话，是有理由感到担忧的。这段话促使我们反省，在某种意义上可以用来当成一个巨大骗局的结论。有一天，一位名叫玛约特·卡佩西亚的女人，遵循一个我们不明所以的动机，用两百零二页的篇幅写下她的生命经历，书中充斥最荒谬的想法。由于这本著作在某些圈子里受到热烈欢迎，因此我们有责任加以分析。我们的态度毫不暧昧：《我是马提尼克女人》是一本鼓吹病态行为的廉价书。

玛约特爱上一个白人，接受他的一切。那是主子。她毫无异议，全无要求，要有的话，也只是在她生命中注入一些白色。当我们想知道他长得美或丑，这个恋爱中的女人会说："我所知道的，是他有蓝眼睛、金头发、白皮肤，我爱他。"——如果将这些字眼重新排列到它们应有的位置上，很容易就会看出大约如下的文句："我爱他，因为他有蓝眼睛、金头发和白皮肤。"我们安的列斯人太清楚这件事了，在那里人们反复诉说：黑人畏惧蓝眼睛。

我们曾经在导论中提到，在历史上，卑下是在经济层面感受到的，这点，我们丝毫没有搞错。

---

① 玛约特·卡佩西亚，《我是马提尼克女人》，页 202（Mayotte Capécia, *Je suis Martiniquaise*, Paris, Corrêa, 1948, p.202）。

"哎呀！有几个夜晚，他必须离我而去，以便履行他的世俗责任。他到法兰西堡的时髦街区迪迪耶（Didier），那里住着'马提尼克贝客'，[①] 他们或许不是很纯种，但是通常很富有（众所承认，当财富超过几百万之后，我们就是白人了）；至于'法国贝客'则大部分是公务员或军官。

"在安德烈的朋友当中，像他一样被战事困在安的列斯的人，有些成功地把妻子接过来。我了解安德烈不能老是不参加他们的聚会。由于我是个有色女人，不被允许加入那个圈子，这我也接受了；但我无法不让自己嫉妒。他向我解释他的私生活是一回事，是属于他自己的；他的社会生活和军旅生活则是另一回事，那部分他并无法自主。由于我如此坚持，有一天他终于带我到迪迪耶。我们和两位军官及他们的女人在一间我从小就羡慕的小别墅里共度夜晚。她们用宽容的眼神看着我，让我难以忍受。我感觉自己脂粉抹得太厚，没有穿着合宜的盛装，我并未使安德烈感到光彩，或许只因为我的肤色，我度过一个非常不舒服的夜晚，我决定不再要求安德烈让我陪他。"[②]

这位美女的欲望，正是指向迪迪耶这条马提尼克巨富的大道。正如她所说的：当财富超过几百万之后，我们就是白人了。这个街区的小别墅，长久以来一直迷惑着她的眼睛。还有，我们觉得玛约特·卡佩西亚说谎，她说自己直到大约十八岁才熟悉法兰西堡，然而迪迪耶的别墅早在她童年时就迷惑她了。这两件事看起来前后不一致，但如果将它们置放在脉络中便能够了解。

事实上，在马提尼克，梦想自己能够神奇地变白以达成某种形式的救赎，这样的事很平常。在迪迪耶拥有一栋别墅，就

---

① 译注：贝客（béké），马提尼克岛上白人移殖民的后代。
② 玛约特·卡佩西亚，《我是马提尼克女人》，页150。

跻身到上层社会（迪迪耶丘陵支配着这座城市），那么黑格尔所说的主观确定性（la certitude subjective）也就能得到实现。此外，我们很清楚存在与拥有的辩证 ① 在描述这种行为时所占的位置。然而玛约特还没达到这种状态。大家对她板起脸，各种遭遇接踵而来……因为她是个有色女，众人不允许她参加那些圈子。怨恨从她的事实性 ② 开始酝酿形成。我们将了解为什么爱情与各地的玛约特都无缘。因为别人不应该让我实现幼稚的幻觉，相反地必须帮助我超越它。我们在玛约特·卡佩西亚的幼年，发现某些勾画出作者倾向的线索。每一次运动、每一回震荡，都跟这个目标有直接关系。事实上，对她而言，白人和黑人代表了世界的两极，处于永恒斗争的两极：这是十足的善恶二元对立的世界概念；话已抛出，必须记住——白或是黑，这就是问题所在。

我是白人，也就是说我有了美与善，这两样东西从来就不是黑的。我所拥有的是日光的颜色……

我是黑人，我实现了与世界的完全融合，以及对大地的同情理解，在宇宙核心抛去自己的自我；而白人，不管他多么具有智慧，都无法了解阿姆斯特朗 ③ 和刚果的歌曲。我之所以是黑

---

① 加布里埃尔·马塞尔，《存在与拥有》(Gabriel Marcel, *Être et Avoir*, Paris, Aubier, 1935)。

② 译注：事实性（facticité），存在主义的重要概念。对萨特而言，"事实性"是存在的重要性质，甚至就是存在本身。"事实性"的意义是"事实上已经构成的存在"，它包括了事实（自在）与意识（自为）两个面向，是两者的原初综合。

　　陈宣良等人译《存在与虚无》时，借用老子《道德经》"朴散则为器"的典故，为这个概念造了"散朴性"的译法。就如原木必须经过解体才能成为器物，"自为"（意识）也必须指向"自在"（事物本身）才能获得存在，但在此过程中，"自为"却必须否定自身（散）。"自在"（朴）与"自为"（散）两者结合成为"自为的存在"（器）。

③ 译注：阿姆斯特朗（Louis Armstrong, 1901—1971），美国黑人小号手和爵士歌手，20世纪30年代起，成为享誉国际的爵士音乐家。

人，并不是因为诅咒，而是由于我张开自己的皮肤，因而接收了宇宙中所有的散发物。我真正是在地下的一抹阳光……

众人带着他的黑或他的白投入一场肉搏战，在自恋的悲剧中，每个人都被囚禁在自己的特殊性里，虽然有时候会有一些微光闪现，这并不假，但在源头时就已受到威胁。

最初，问题是如此发生在玛约特的身上——书中第三页写着，五岁时："她从课桌里拿出墨水瓶，泼在他的头上。"这就是她将白人变成黑人的方法。但是她很早就察觉到这些努力是没有用的；而且露露滋和她母亲告诉她，有色女人的生活是困难的。哎，既然没办法漂黑这个世界，没办法让这个世界黑人化，那她就试着漂白自己的身体和思想。首先，她当洗衣女："我索取更高的报酬，比其他人更高，但是我做得更好。由于法兰西堡的人喜欢衣服干干净净的，因此他们来我这里。最后他们以被玛约特漂白为荣。"①

很遗憾玛约特·卡佩西亚并没有告诉我们她的梦境。如果有的话，要探索她的无意识应该会更容易些。她并不全然觉得自己是黑人，而是把这项事实当成意外。她得知自己的外祖母是白人："我为这件事感到骄傲。当然，我并不是唯一一个有白人血液的人，但是有个白人外祖母，要比有个白人外祖父来得不寻常②。我的母亲算是混血儿吗？在看着她的白皙肤色

---

① 《我是马提尼克女人》，页131。

② 作为主人，更简单地说，作为男人，白人男性可以享有和许多女人睡觉的奢华。这在所有地方都是真实的，特别是在殖民地。但是一个白女接受黑男，这样的事自动就有了浪漫的面貌。那是赠与，而非强奸。事实上在殖民地，即使白男黑女间并没有结婚或同居的情形，混血儿的数目仍然非常多，因为白人男性和他们的黑女仆上床——然而玛诺尼不能拿这样的事作为理由而写下："由此，我们的一部分习性倾向，自然促使我们朝向最奇特的类型。这并不只是一种文学幻象。这并非文学，当加利埃尼（Gallieni）的士兵在年轻的拉玛托亚（Ramatoa）女孩中选择临时伴侣时，幻想的成分应该很薄弱。事实上这些初步接触并没有显示出任何困难。这成了马达加斯加人的性生活的一部分，健康，几乎没有显现出（转下页）

时，我应该会有所疑问才对。我觉得她的美是前所未有，更细致、更出众。如果她嫁给一个白人的话，或许我的肤色就会全白？……我的生活也会好过些？……我想起这位从未谋面的外祖母，她已经死了，因为她爱上一个马提尼克的有色男人……一个加拿大女人怎么会爱上马提尼克男人呢？我一直想着神甫先生，我决定我要只爱白人，一个有着蓝眼睛的白人，一个法国人。"①

　　我们得到提醒，玛约特的目的是朝向乳白化（lactification）。因为最终必须漂白其种；每一个马提尼克女人都知道，都在讲，都在重述这一点。漂白其种，拯救其种，但不是我们猜想的那种意义，不是要保存"她们成长于其中的那部分世界的独特性"，而是要确保它变白。每一次我们想要分析某些行为，都无法避免恶心的现象出现。在安的列斯，影响人们如何选择爱人的文句、格言、短语特别多。重点是不要再次沉沦到黑色中，因此所有安的列斯女人在调情或交往时，都尽力选择一个比较不黑的人。有时为了要替自己错误的投资辩解，不得不援引如下的理由："X是黑人，但苦难比他更黑。"我们认识许多在法国念大学的女同胞，她们以全白的坦白承认，她们不会嫁给一个黑人。（已经逃开却又回来自投罗网？啊！免了，谢谢。）此外，她们还说："不是因为我们怀疑黑人的所有价值，但是您知

　　（接上页）什么情结。但也证明了种族冲突并非自发地产生，而是慢慢转化而来。"（《殖民心理学》，页110）别那么夸张。当一名征服者军队的士兵和一名年轻的马达加什女孩上床，在他这边，毫无疑问不会有任何对相异性（l'altérité）的尊重。种族冲突并非之后才到来，而是共存的。阿尔及利亚的移殖民（colons）和他们的14岁小女仆上床这件事实，完全无法证明在阿尔及利亚并没有种族冲突。不，问题更复杂。玛约特·卡佩西亚是对的：当白种女人的女儿是种荣耀。这也显示了她这个女孩并不是个"在树丛"（en bas feuille，意指在树丛中性交因而怀孕私生的小孩）。这个词专门用来指所有马提尼克岛贝客所生的孩子；我们知道这些孩子为数众多，例如奥柏利这个人就以有将近50个小孩而著称。

① 《我是马提尼克女人》，页59。

道，最好还是当白人。"最近，我和其中一个人交谈，在叹了一口气之后，她对我进出："而且，即使塞泽尔那么愿意承担他的黑人肤色，那也是因为他感受到一种诅咒。白人会宣称要承担他们的肤色吗？我们每个人都有白色的潜质，某些人想要将它忽略，或者更简单地说就是想反向而行。就我而言，不管什么条件，我都不会接受嫁给一个黑人。"有这样态度的人并不少，我们对此感到忧虑，因为这名年轻的马提尼克女子几年后就会取得学士学位，并且到安的列斯群岛的某个机构任教。我们很容易就猜得到会发生什么事。

一项巨大的工程，正等着那些事先以客观性细细筛检自己身上种种偏见的安的列斯人。我们在即将结束医学教育时开始写作本书，那时我曾想要把它当成博士论文来答辩。而后，辩证法要求我们采取双重的立场。虽然我们处理的问题是黑人的精神异化，但对于某些要素（这些要素也可能是心理学的），即使它们所产生的效果属于其他学科范畴，我们也不能默不作声。

所有经验，特别是显得贫瘠的经验，都必须加到现实的构成中，并且在这个现实的再结构化中产生作用。换句话说，父权的欧洲家庭，带着瑕疵、错误、缺陷，与我们知道的这个社会密切关联，制造了大约十分之三的精神疾病。重要的是借助精神分析、社会学、政治学的材料，去缔造一个可能降低、甚至消除渣滓部分（就不能适应社会的意义而言）的新的亲子环境。

换句话说，重要的是知道基本人格（basic personality）是既定条件或是变项。

所有这些有着古怪肤色、寻找着白种男人的女人都在等待。有一天她们必定会突然发现自己不愿回头，梦想有"一个美妙的夜晚，一个美妙的情人——一个白人"。或许有一天她们会意识到"白人不会娶黑种女人",但她们愿意冒这个风险；她们必须做的，正是不计一切代价漂白自己。理由是什么呢？再简单不过了。这里就有个符合此种精神的故事：

有一天，圣彼得瞧见天国门前来了三个人：一个白人、一个混血儿、一个黑人。

"你要什么？"他问白人。

"钱。"

"你呢？"他对混血儿说。

"荣耀。"

当他转向黑人，黑人咧嘴笑着说[1]：

"我是来帮这两位先生拎皮箱的。"

最近，艾蒂安伯尔[2]说了一件让他沮丧的事情："我真的太震惊了。那时我还是个青少年，我对一位还蛮熟的女孩子说了一句就当时情境看来是适当且唯一适合的话：'你是黑人。'但她觉得受到侮辱，起身反驳说：'我？我是黑人？你没看到我几乎是白色的吗？我厌恶黑人。黑人很臭。他们又脏又懒。绝对

---

[1] 黑人的微笑（grin）似乎引起了许多作家的注意。以下是贝尔纳·沃夫所说："我们愉悦地想象黑人咧着牙齿朝我们微笑。他的微笑，就如我们所见，就如同我们创造，总是意味着一种赠与……"

无止尽的赠与，满布在海报、电影银幕和食品标签上……黑人给予女士新的"深克里奥尔肤色"纯尼龙，这还多亏了维妮公司；歌丽沃格科隆化妆水和香水那些"怪诞的""卷曲的"瓶子。鞋油、如雪的织布、舒适的矮床、行李的快捷运送；爵士乐、吉特巴舞、爵士舞、喜剧，以及为小朋友带来欢乐的布瑞尔兔子的奇妙故事。这些服务总是带着微笑……有位人类学家（乔福瑞·哥瑞尔〔Geoffrey Gorer, *The American Spirit: A study in national character*〕）写道："黑人那卑躬屈膝的态度，是由恐惧和武力的极端惩罚所维系，白人或黑人都很清楚这点。然而白人却要求黑人在与他们的关系中展露出微笑、殷勤和友谊……"引自贝尔纳·沃夫，"雷姆叔叔和他的兔子"，《现代》，第 43 期（Bernard Wolf, L'oncle Rémus et son lapin, *Les Temps Modernes*, n°43, 1949, p.888）。

[2] 译注：艾蒂安伯尔（René Etiemble, 1909—2002），法国小说家和文学评论家。

不要跟我谈起黑人。'"①

我们还认识另一位女孩，她有一份巴黎舞厅名单，在那些舞厅不用担心会遇到黑人。

重点在于知道黑人是否可能超越他的缩减感（sentiment de diminution），去除生命中那让他与仇外行为连结起来的强制性格。在黑人身上，有一种情感的激化，一种感到自己渺小的盛怒，一种对所有人类交流的无能，将他禁锢在让人难以忍受的岛屿性（insularité）中。

安娜・弗洛伊德②在描述自我退缩（la rétraction du moi）的现象时写道："在自我对抗外部刺激的防卫行为中，这种退缩——作为避免不愉快的方法——并不属于精神官能症心理学的范围，它不过是自我发展的一个正常阶段。当自我还年轻并具有可塑性时，在一个领域所承受的所有失望，有时会在其他领域的完美成功中得到补偿。但是当这个自我变得僵硬，不能忍受不愉快，并强迫地采取逃跑的反应，那么自我的形成就会遭受让人懊恼的结果，由于一再放弃立场，自我变得偏颇，丧失太多关怀，它的行动也失去价值。"③

我们现在明白为什么黑人无法满意于其岛屿性。对他来说，只有一个出口，朝向白人世界。这种想要吸引白人注意的持续在意，这种想和白人一样强大的忧心，这种想要获得保护层特性——也就是说进到自我建构中的存在或拥有的部分——的坚

---

① "论米歇尔・古尔诺的《马提尼克》"，《现代》，1950 年 2 月号（"Sur le Martinique de Michel Cournot"，*Les Temps Modernes*，février 1950）。

② 译注：安娜・弗洛伊德（Anee Freud，1895—1982），奥地利裔英国籍心理分析学家、心理分析创始者弗洛伊德的女儿。她在著作《自我与防卫机制》中，说明了对抗不同冲动（pulsion）的防卫机制。

③ 安娜・弗洛伊德，《自我与防卫机制》，页 91—92（Anna Freud，*Le moi et les mécanismes de défense*，traduit par Anne Berman，pp.91—92. 英译注：*The Ego and the Mechanism of Defense*，New York，International University Press，1946，p.111）。

决意愿，从何而来？就如我们方才所说，黑人打从内心想要加入白人的圣堂。态度来自意图。

对黑人而言，要用自我退缩做为防卫机制是不可能成功的。他需要白人的认可。

玛约特·卡佩西亚处于神秘的、满心的安乐，吟唱令人喜悦的圣歌，仿佛是位天使，"全然粉红和纯白"地飞了起来。尽管如此，《青青牧场》(Verts pâturages) 这部电影中的天使和上帝都是黑色的，这件事让我们的作者大为震惊："怎么能想象一个有着黑人容貌的上帝？我对天堂的想法并不是这个样子。但是，无论如何，那只不过是一部美国电影罢了。"①

不，真的，善良而仁慈的上帝不会是黑色的，他应该是一位有着红润面颊的白人。从黑到白，这就是变化的路线。是白人，也就富有，也就俊美，也就有智慧。

然而，安德烈离开了，他前往其他的天空，为别的玛约特带去白色的信息：美妙的、有着蓝色眼睛的小基因，沿着染色体的走道滑行。但作为一个良善的白人，他没忘了留下指示。他谈到他们的小孩："你要养育他，告诉他关于我的事情，你要告诉他：'你爸爸是个优秀的人，你要好好努力，别让他丢脸。'"②

那尊严呢？他不再需要费心去获取，尊严已经被编织在他的动脉网径中，进入他那粉红色的指甲里，既稳固、又白皙。

那父亲呢？艾蒂安伯尔这么说："这类人的典型样本，他谈论家庭、工作、祖国、高尚的贝当③和良善的上帝，那准许他

① 《我是马提尼克女人》，页 65。
② 同前，页 185。
③ 译注：贝当（Philippe Petain, 1856—1951），法国政治人物，于第二次世界大战期间与德国签订停战协定，组织维希政权。"工作、家庭、祖国"是维希政权的政治运动口号。

按照法则将她肚子搞大的上帝。这个英俊的混蛋、英俊的白人、英俊的军官说：上帝运用了我们。随后，我依照同样的贝当的、上帝的法则，将你甩开。"

她的白人**领主**"如同死人"，她身边环绕着死人，这本书充满了悲惨的死亡事物。在结束她的故事之前，我们要请非洲为我们派遣一位使者[①]。

她并没有让我们等待。阿布都拉耶·萨济[②]以《妮妮》(*Nini*)[③]这篇小说，为我们描述黑人在面对欧洲人时的行为。我们说过，仇视黑人者存在。但并不是对黑人的恨意赋予他们活力，他们并没有仇视黑人的勇气，或者说他们不再有这种勇气。憎恨并不是天生的，必须无时不刻去获取，必须攀爬到让它存在的状态，并和那些多少被承认的罪疚情结相冲突。恨意要求存在，有恨之人必须透过种种行动，透过适合的行为来展现

---

① 在《我是马提尼克女人》之后，玛约特·卡佩西亚又写了另一本著作：《白色黑女》(*La nègresse blanche*)。她可能意识到自己所犯的错误，因此在新作中，我们看到抬起笔来黑人价值的企图。但是玛约特·卡佩西亚并没有考虑到她的无意识。只要这位小说家留给笔下人物一些自由，总是为了要凌辱黑人。所有她所描述的黑人，多少都是恶棍之流，要不就是"巴娜尼亚好棒"。

　　而且——我们已经在推测未来——我们可以断言玛约特·卡佩西亚明确地背离她的家园。在她的两本著作中，女主角只有一种态度，那就是离去。这个黑人的国度明显是被诅咒的。实际上，在玛约特·卡佩西亚的周围飘浮着一种诅咒，但这种诅咒是离心的。

　　玛约特·卡佩西亚自我禁绝。

　　但愿她不要再夸大其愚蠢行为的分量。

　　喔，玷污人的小说家，您平静地离去吧……但您要知道，在您那苍白贫血的五百页之外，众人将重新找回通向内心的正直道路。

　　这，由不得您。

② 译注：阿布都拉耶·萨济（Abdoulaye Sadji, 1910—1961），塞内加尔作家。他是塞内加尔第一批现代教育制度的教师，也是塞内加尔独立运动的积极参与者。他在 20 世纪 30 年代和迪亚（Mamadou Dia，塞内加尔独立后第一任总理）等人共同发起"真实性运动"（mouvement de l'authenticité），在当时的殖民体制中诉求黑人文化认同。

③ 《非洲存在》，第 1-2-3 期（*Présence Africaine*, n°1-2-3）。

这种恨；就某种意义而言，他必须自己变成恨。这也就是为什么美国人会用歧视来代替私刑处死的原因。各站一边。还有在（法国的？）黑非洲的城市里有欧洲区，这难道不会让我们感到讶异吗？穆尼埃 ① 的著作《黑色非洲的觉醒》(*L'éveil de l'Afrique noire*) 吸引了我们的注意，但我们仍然焦急地等待非洲之声的出现。多亏了阿利翁·迪奥普的期刊 ② 我们才能协调那些驱动有色人种的各种心理动机。

　　下面这段文字有一种惊奇（从这个语词最宗教性的意义上来说）："康皮昂（Campian）是圣路易市唯一一个出入圣路易人俱乐部 ③ 的白人。他是桥梁道路工程师，也是塞内加尔公共工程处副主任，因此有一定的社会地位。大家相信他对黑人很亲善，比罗旦（Roddin）先生还要亲善。罗旦先生是费德尔布（Faidherbe）高中的老师，曾经在圣路易人俱乐部针对种族平等发表演说。他们俩的仁慈是众人激情讨论中不断出现的主题。无论如何，康皮昂先生时常出入这个圈子，因此有机会认识那些对他相当有礼貌和恭敬的土著。这些土著喜爱他，并且以他出席参与他们的活动为荣。" ④

　　作者是位黑色非洲的小学教师，他很感激罗旦先生做这场种族平等的演讲。但我们要说，这是一桩耻辱。我们了解穆尼埃碰到的那些年轻土著对他所做的抱怨："我们需要的是像您一样的欧洲人。"我们无时不刻地感觉到，对黑人而言，遇到一个

---

① 译注：穆尼埃（Emmanuel Mounier，1905—1950），法国哲学家。他于 1932 年创办期刊《精神》(*Esprit*)，在当时法国智识运动和政治运动中扮演了重要的角色。

② 译注：阿利翁·迪奥普（Alioune Diop，1910—1980），塞内加尔人，他于 1947 年在巴黎创办期刊《非洲存在》，1949 年发展为同名出版社。

③ 年轻土著聚集的联谊会。与其相对的是完全由欧洲人组成的市民联谊会。

④ "妮妮"，《非洲存在》，第 2 期，页 280（"Nini"，*Présence Africaine*，n°2，p.280）。

体谅别人的土巴①，代表一种新的理解的希望。

透过分析阿布都拉耶·萨济小说中的几个段落，我们试图从关键处掌握有色女面对欧洲人的反应。首先，有黑女和混血女，前者只有一种可能性，只关心一件事，就是变白；后者不只要变白，而且要避免倒退。还有什么事会比一个混血女嫁给一个黑人更不合逻辑呢？因为，重点在拯救种族，我们必须彻底了解这点。

妮妮的极端苦恼就是从这里而来：不是有个黑人鼓起勇气向她求婚吗？不是有个黑人写信给她说："我对你的爱是纯洁而坚定的，没有丝毫谎言和虚幻的哄骗，没有不合宜的温柔……我要看到你快乐，在与你魅力相配的环境中真正的快乐；你的魅力，我相信我懂得欣赏……如果你能在我的屋中，让我向你奉献出肉体和灵魂，这会是我非凡的荣耀和最大的幸福。你的恩典将会照耀我的家园，为阴暗的角落带来光亮……而且，你太有教养，你如此高尚，绝不会断然拒绝一份全心全意想让你幸福的忠贞之爱。"②

最后这个句子应该不会让我们感到震惊。正常情况下，混血女应该会严厉拒绝自命不凡的黑人。但由于她是文明人，因此她不管爱人的肤色，只在意他的坚贞。阿布都拉耶·萨济这么描述马克塔（Mactar）："理想主义者，彻底的进化论拥护者，他仍然相信人类的真诚及忠贞，认为在所有事物中，才德应该获胜。"③

马克塔是谁？他通过了中学会考，在江河企业担任会计。他追求的对象是一个愚蠢的打字女孩，但这个女孩拥有最无可争议的价值：她几乎是白的。因此一个人必须为自己冒昧写信

---

① 欧洲人。
② "妮妮"，《非洲存在》，页286。
③ 同前，页281—282。

而请求原谅："这是一个黑人胆敢犯下的极为鲁莽之事，甚至是头等无礼之事。"[1]

一个人因为胆敢向白色灵魂提出黑色的爱而请求原谅。我们在勒内·马朗[2]那里会再看到：黑男在与白女或是比他更白的女人的关系中，存在着这种恐惧、这种羞怯、这种谦卑。就像玛约特·卡佩西亚接受了安德烈领主的一切，马克塔则让自己变成混血女妮妮的奴隶，准备出卖自己的灵魂。等待着这个厚颜无耻者的却是拒绝。混血女觉得这封信是种侮辱，一种对于自己"白色女孩"的荣耀所做的凌辱。这个黑人是蠢货、强盗，是个需要教训的无教养之人。她要给他教训，让他学会得体而不放肆，让他了解"布努勒人"[3]是配不上"白皮肤"的。[4]

在这个情形下，整个混血族群都呼应她的愤慨。众人说要移送司法机关处理，将这名黑人送到重罪法庭审讯。"我们要写信给公共工程处的主管、给殖民地行政长官，提醒他们注意这个黑人的行为，将他解雇，作为他所造成精神损失的补偿。"[5]

像这样没有规矩的事，应该受到阉割处分。众人最后会向警察局要求训诫马克塔，如果他"再开始那病态的精神错乱行为，我们就让那位被同事号称是真正坏白人的德鲁巡警来教

---

[1] "妮妮"，《非洲存在》，页281。

[2] 译注：勒内·马朗（René Maran, 1887—1960），出生于马提尼克岛法兰西堡，于波尔多接受教育后，成为殖民地行政官，被派任到乌班吉（Oubangui，今为中非共和国）。马朗于1921年出版小说《巴图亚拉》（*Batouala*），被认为是法语文学中第一部"真正的黑人小说"，获得当年龚古尔文学奖；但此书所引起的争议，使他不得不辞去职务。本书第三章将分析其自传性作品《一个与其他人相同的人》。

[3] 译注：布努勒人（Bougnouls），在塞内加尔白人对黑人的称呼，具有种族歧视意涵。

[4] "妮妮"，《非洲存在》，页287。

[5] 同前，页288。

训他。"①

　　方才我们看到一个有色女孩如何回应同种所表达的爱。现在我们要看看如果对方是一个白男时又会发生什么事。我们要继续求助于萨济。他那篇对于白男与混血女结婚所激起的各项反应的长篇论文，正可以让我们用来作为赋形剂。②

　　"自前些日子以来，圣路易四处流传着一则消息……最初是口耳间的窃窃私语，让那些老小姐原本皱缩的形体再次膨润，黯淡的目光重新展现神采；接着是年轻人，圆睁白色的大眼，张开厚厚的嘴巴，高声传递着那令他们为之撼动的消息：'喔！不可能……你从哪里知道这件事？可能吗……这太迷人了……这太好玩了……'一个月来传遍整个圣路易的消息令人感到愉快，比世界上所有许诺都还要让人开心。这件事为某种高贵、出众之梦戴上冠冕，这个萦绕她们心中的高贵之梦就是嫁给一个欧洲白人。这个梦让所有的混血女人，不管是妮妮、娜娜、奈奈，都活在她们家乡的自然条件之外。③ 我们可以说她们所有的努力都试着朝向这个目标，却几乎没有达成过。她们对花枝招展的需要，她们对可笑炫耀的喜好，她们那算计、做作、令人恶心的态度，正是对于各式高贵的狂热所产生的各种效果。她们需要白种男人，全白，她们要的就是这个。几乎所有人终其一生都在等待这个不太可能发生的好运。就在等待中，衰老战胜了她们，将她们逼入阴暗的隐居所中，在那里，梦想终于转变成高傲的屈从……

　　"一个令人非常愉快的消息……达里维先生，一个全白的欧洲人，民事服务助理，向黛黛这个半黑的混血儿求婚，不

---

① "妮妮"，《非洲存在》，页289。
② 译注：赋形剂，是指药物中用来帮助成形以便服用，但本身并没有药效的成分。此处意指让白男与混血女关系得以呈现的媒介。
③ 译注：当地的自然条件并不提供选择白人配偶的机会。

可能。"①

白男对混血女示爱的那天，必然会发生一些特别的事。受到承认，整合到一个似乎是封闭的难以理解的团体②中。心理的贬值，这种萎缩感及其后果，通向明澈的不可能，这些情形都消失了。很快地，混血女从奴隶的行列进到主人的行列中……

她在自己过度补偿的行为中被承认。她不再是那个想变白的女人，她就是白人。她进入了白人的世界。

在《黑巫术》(Magie noire) 中，保尔·莫朗③为我们描述了相同的现象，但我们随后就知道要提防保尔·莫朗。从心理学的观点来看，提出以下这个问题或许是有趣的。受过教育的混血女子，特别是女大学生，有种加倍暧昧的行为。她说："我不喜欢黑人，因为他们野蛮。我这么说并不是指他们像食人族，而是因为他们缺乏一种细致。"这是抽象的观点。当我们反驳她说，有些黑人在这个层面上比她更优越，她便会提出他们的丑陋。这是虚假的观点。当我们就黑人美感的实在提出证据，她又会说没办法了解这种实在；于是众人试着对她揭示准则：她的鼻翼歙动、呼吸暂停，"要选什么样的丈夫是她的自由。"最后的手段就是诉诸主观性。就如安娜·弗洛伊德所说，如果我们削去自我的所有防卫过程，让自我无所遁形，"如果我们让这些无意识活动得以被意识到，就能揭露并让自我的防卫过程失效，使得自我更加衰弱，并助长病态的过程。"④

但在这里，自我无须自卫，因为它的诉求受到大家的一致

① "妮妮"，《非洲存在》，页489。
② 译注：指白人群体。
③ 译注：保尔·莫朗（Paul Morand, 1888—1976），法国作家及外交官，1968年当选法兰西学院院士。
④ 安娜·弗洛伊德，同前引书，页58。

认可；所以黛黛就嫁给了一个白人。然而每个奖章都有反面；别的家庭因此被嘲笑。众人为三或四个混血女孩配上混血骑士，然而她们所有的同伴都有白男。"这特别被看成对整个家庭的侮辱，而且是需要赔偿的侮辱。"[1] 因为这些亲友是在他们最合法的愿望上遭到羞辱，他们所遭受的损害甚至影响到生命的运动……造成他们存在的紧张……

基于一种深沉的愿望，她们要进行自我改变，要"进化"。但众人否定了她们这项权利。无论如何，众人要夺去她们这项权利。

这些描述所要说的是什么？

不管马提尼克的玛约特·卡佩西亚或圣路易的妮妮有什么样的反应，我们都可以观察到相同的过程。双边的过程，经由内化去还原先被禁止的价值之企图。黑女期望被白人世界所承认，那是因为她们感到自卑。在上述企图中，她将以一种我们称为情感兴奋（éréthisme affectif）的现象来帮助自己。

这项研究总结了七年的经验和观察；无论察看的是哪个领域，总有件事情敲击着我们：黑人因为他的自卑而成为奴隶，白人因为他的优越感而成为奴隶，两者都循着一条精神官能症的导向线在运行。同样我们也被引领，用精神分析的描述来思考他们的异化。黑人的行为和一种纠缠不去的精神官能症类型相连结，如果我们愿意，也可以说他处于全然的情境性精神官能症中。有色人种男子有一种想要逃离其个体性、消灭其此在（être-là）的企图。每当有色人种男子抗议，那里就有异化。每当有色人种男子指责，那里就有异化。我们在第六章会看到，被卑下化的黑人，会从让人感到羞辱的不安全，走到

---

[1] "妮妮"，页 498。

清楚分明的自我控诉，再一直到绝望。黑人面对白人或面对同种的态度，经常整体复制了一个碰触到病理学领域的妄想群落（constellation délirante）。

有人会反驳我们说，黑人丝毫没有此处所提的精神病问题。不过，我们要举出两项具有高度象征意义的行为。几年前我们认识一个黑人医科学生。他说他有一种可怕的 [1] 印象，觉得自己的价值没有得到应有的评价，这里指的并不是学院层面，而是在人性层面。他有一种可怕的印象，觉得自己从来没有被白人当成同事，没有被欧洲病患当成医生。在那些妄想直觉的时刻，那些精神病症大量产生的时刻 [2]，他自我陶醉。然后有一天，他投身军队，担任助理医师。他加上一句：“不管什么条件，我都不会接受被派往殖民地或分派到殖民行政单位。”他要白人在他的命令下工作。既然是个领导，他就应该受到敬畏。事实上，他所要的，他所找的，就是引领白人和他一起拥有黑人的态度。用这样的方式来报复长久以来纠缠在心头的意象（imago）：在白人领主前惊惧、战栗、受辱的黑人。

我们认识一位在法国本土某个港口担任海关检查员的朋友，他对观光客或是过境者极端严格。他告诉我们：“如果你不厉害，他们就会当你是笨蛋。由于我是黑人，你可以想见这两个字眼就会叫作……”

在《认识人性》中，阿德勒 [3] 写道：“为了清查一个人对世

---

[1]　译注：法农在此处用斜体强调叙述者所使用的词语 infernal，这个词语有地狱的、恶毒的、可怕的、强烈的、难以忍受的、像魔鬼的种种不同的语意，但重点在于叙述者在众多意义相似的字词中，不自觉地使用了与 inférieur（低下的）有着相同拉丁词源的词 infernal。语词的连结关系显露出叙述者的心理情结。

[2]　拉康。

[3]　译注：阿德勒（Alfred Adler, 1870—1937），奥地利心理医师和心理学家，曾经跟随弗洛伊德学习，但由于对性冲动所扮演角色的见解不同而分道扬镳。阿德勒认为自卑感是理解个人心理的重要关键，自卑感的形成源于每

界的概念，我们可以像拉条线一样，为从童年印象一直到当前事物的状态进行调查。藉由众多案例，人们终将有效地描绘出引领主体通向目前状态的道路。从童年开始，个体生命正是在这条弯曲的导向线（ligne d'orientation）上概括地呈现……因为真正起作用的，一直都是个体的导向线，这条线的形状会受到某些调整，但是主要内容、能量和意义，甚至在儿童时期便已存在、树立，没有改变。它与儿童周遭亲近的人有关联，这些人的影响会在往后人类社会这个更大的环境中突显出来。"[①]

我们预测，而且已经发觉，阿德勒的性格心理学能帮助我们了解有色人种的世界观。由于黑人曾为奴隶，因此我们也要求助于黑格尔；最后，弗洛伊德应该也会对我们的研究有所助益。

妮妮、玛约特·卡佩西亚：两种行为类型，促使我们进行反思。

难道没有其他的可能性吗？

但那是我们不想处理的假问题。而且我们要说，所有对存在事物的批评都意味着一种解决办法，只要我们能够对自己的同胞提出解决办法，也就是说，对自由提出解决办法。

我们所确认的是，弊病应该就此一次排除。

个人在儿童时期都会经历的依赖状态，为了补偿这种自卑感，个体会表现出比他人优越的自大态度。

[①] 阿尔弗雷德·阿德勒，《认识人性》，页57—58（Alfred Adler, *Connaissance de l'Homme*, Paris, Payot, 1949, pp.57—58. 英译注：*Understanding Human Nature*, New York, Greenberg, 1927, p.80）。

第三章　有色男和白女

从我灵魂最黑的部分，穿越阴影地带，升起此种突然变成白人的欲望。

我不要被看成黑人，我要被看成白人。

那是黑格尔也未曾描述的承认。然而，谁能做这件事呢？要有，也是白种女人。她在爱我的同时，证明了我值得白人的爱，众人爱我如同爱一个白人。

我是个白人。

她的爱为我打开卓越的通道，通向全然的完整……

我娶了白人文化、白人之美、白人之白。

在我那无所不在的双手所抚摸的白色乳房中，是被我所拥有的白人文明和白人尊严。

大约三十年前，一位有着最美肤色的黑人和一位惹火的金发女子做爱，在高潮时刻，他喊出："舍尔歇万岁！"当我们知道舍尔歇就是让第三共和通过颁布废除奴隶法案的人，[①] 就会了解为什么需要强调黑男和白女间的可能关系。

---

① 译注：维克多·舍尔歇（Victor Schœlcher，1804—1893），法国政治人物，生于巴黎，父亲为陶瓷制造商。舍尔歇的父亲派他前往墨西哥、古巴及美国接洽生意，这段经验促使他开始关注奴隶问题。1840 年起，舍尔歇开始推动殖民地废奴。1848 年 2 月革命后担任副国务秘书，并主持废奴委员会，促成殖民地废奴法案通过。

有人质疑，这并不是真实发生过的事；但这个故事会成形并维持这么长的时间，这项事实本身便是一种指标，说明它不是骗人的。这段故事激起了或隐或显却真实的冲突。它的持续流传凸显了黑人世界的赞同。换句话说，当一个故事在民间流传，那是因为它用某种方式表达了一个地区的"地方心灵"。

透过分析《我是马提尼克女人》和《妮妮》，我们看到黑女在面对白男时的行为表现。而透过勒内·马朗的《一个与其他人相同的人》(看来似乎是作者自传的小说)，我们努力想要了解的则是黑男案例所发生的事。

问题提得太精彩了，因为让·韦纳泽 (Jean Veneuse) 让我们得以更深入了解黑男的态度。究竟是怎么一回事？韦纳泽是个出身于安的列斯的黑人，但长久以来一直住在波尔多 (Bordeaux)，所以他是欧洲人；不过他的肤色是黑的，所以是个黑人。这就是悲剧所在。他不了解他的种族，白人也不了解他。他说："整个欧洲人，特别是法国人，他们不止不了解自己殖民地的黑人，还蔑视那些他们按照自己形象所塑造的人。"①

作者的人格并不像众人期待的那样容易显露。他是个孤儿，是外省学校的寄宿生，假期时不得不留在寄宿学校。他的朋友和同学，随便找个理由就散到法国各地，小黑人却习惯深思，因此他最好的朋友就是书本。作者告诉了我们一份长长的、过长的"旅途伙伴"的名单，我甚至要极端地说其中有某种指责、某种不满、一种难以克制的侵略性。我说极端，但我们所要前往的正是此处。

由于没办法融入所在的社会，也没办法不被人注意，因

---

① 勒内·马朗，《一个与其他人相同的人》，页 11（René Maran, *Un hommes pareil aux autres*, Paris, Ed. Arc-en-ciel, 1947, p.11）。

此他只好和死者或不在场的人交谈。和他的生活相反，他的交谈飞越了世纪和海洋。马可·奥勒留、① 儒安维尔、② 帕斯卡尔、③ 佩雷斯·加尔多斯、④ 泰戈尔 ⑤……如果一定要给韦纳泽一个形容词的话，我会说他是内向的人，可能别人会说他是个敏感的人，但这个敏感的人为自己保留了在观念和知识层面上获胜的可能性。这是事实，他的同学和朋友都很器重他："您知道，我的老朋友韦纳泽是个无可救药的梦想家，是个怪人！他只有为了在旅途笔记本上写满潦草文字时，才会让自己离开书堆。"⑥

这个敏感的人会唱西班牙语歌，还会翻译英文书；他一首又一首地唱，一本接一本地译。他是个害羞的人，也是个不安的人："当我离开时，我听见迪夫朗德（Divrande）告诉他：韦纳泽是个好孩子，他虽然愁眉不展、沉默寡言，却很热心助人。您可以信赖他。您会看到，虽然他是个黑人，但他就像我们希望许多白人变成的那个样子。"⑦

确实，他是个不安的人。一个被黏附在他身体上的不安者。我们从别的地方知道勒内·马朗先生培养了一份对安德烈·纪德（André Gide）的喜爱。《一个与其他人相同的人》这本书的结尾，让我们想起《窄门》(*La Porte étroite*)。这种离去，这种由情感苦难和精神上不可能所形成的调性，似乎呼应了杰洛姆

---

① 译注：马可·奥勒留（Marc-Aurèle，拉丁文为 Marcus Aurelius Antoninus，121—180），罗马皇帝和哲学家。

② 译注：儒安维尔（Jean de Joinville，1225—1317），法国史学家。

③ 译注：帕斯卡尔（Blaise Pascal，1623—1662），法国数学家、物理学家和哲学家。

④ 译注：佩雷斯·加尔多斯（Benito Pérez Galdos，1843—1920），西班牙小说家和悲剧作家。

⑤ 译注：泰戈尔（Rabindranath Tagore，1861—1941），印度诗人。

⑥ 勒内·马朗，页87。

⑦ 同前，页18—19。

(Jérome）与爱莉莎（Alissa）的遭遇。

但韦纳泽是个黑人。那是头喜爱孤独的熊。那是位沉思者。当一个女人想要和他调情时，他会说："您会发现我就像头熊！小心，亲爱的女士。有勇气是件美事，但您如果继续这样子引人侧目，将会让自己的名誉受损！一个黑人，噁！连想都不要去想。和这个种族的任何人交往，都是一种损失。"①

无论如何，他要向其他人证明，他是个人，是个像他们一样的人。但我们不要忘记一点，韦纳泽是个有待说服的人。在他如同欧洲人一样复杂的灵魂深处，居住着犹豫。韦纳泽必须被打倒，希望大家原谅我们这么说。我们会努力做这件事。

在引述司汤达（Stendhal）和"结晶化"（cristalisation）现象之后，他确认："他在精神上爱的是库朗热（Coulanges）夫人中的安德蕾（Andrée），在肉体上爱的却是克拉莉丝（Clarisse）。真是荒谬。但事情就是如此，我爱克拉莉丝，我爱库朗热夫人，虽然我并不真的想着她们其中任何一个人。对我而言，她们只不过是让我得以欺骗自己的借口而已。我研究她们身上的安德蕾，学着用心认识她……我不知道。我什么都不知道。不论那是什么，我都不想再知道；或者说，我只知道一件事，黑人是和其他人相同的人，和其他人一样的人，他的心和欧洲人可能拥有的最复杂的心一样复杂，只有无知者才会觉得黑人的心简单。"②

因为黑人的简单，是肤浅观察者所虚构的神话。"我爱克拉莉丝，我爱库朗热夫人，而我所爱的是安德蕾·玛里耶乐（Andrée Marielle）。就她一个，不是别的女人。"③

谁是安德蕾·玛里耶乐？您知道，就是诗人路易·玛里耶乐（Louis Marielle）的女儿。然而，这个"以才智和勤奋，在欧

---

① 同前，页45—46。
② 同前，页83。
③ 同前，页83。

洲思想及欧洲文化中成长"①的黑人，却无法摆脱他的种族。

安德蕾·玛里耶乐是个白种女人，这个问题似乎没有办法解决。然而与帕约（Payot）、纪德（Gide）、莫雷亚斯（Moréas）和伏尔泰（Voltaire）等人的交往，似乎又消除了所有这些事。韦纳泽真诚地"相信这个文化，让自己爱这个被他发现、被他征服并被他所用的新世界。他所犯的是什么样的错误啊！只要他长大成人，并且替自己归化的国家前往祖先的家乡服务，他就会怀疑自己是不是被身旁所有的人所背叛，白人不承认他是自己人，黑人也几乎不认他"。②

让·韦纳泽觉得自己不可能在没有爱的情形下存在，他只好梦想爱。他梦想爱，写下诗：

> 当我们爱一个人时，什么也不要说，
> 最好将它隐藏。

安德蕾·玛里耶乐写信向他表达爱意，但是韦纳泽需要授权。必须有个白人告诉他：带走我的姐妹吧。韦纳泽对他的朋友库朗热提出几个问题。以下几乎是全文照录了库朗热的答复：

"朋友，你再次向我征询你的棘手问题，我要再一次而且仅此一次告诉你我的意见。让我们依序来谈。你说明的情况再清楚不过。尽管如此，还是让我先整理一下眼前的状况。这对你是有好处的。

"当你离开家乡到法国来时年纪多大？我相信应该是三或四岁吧。从那时候开始，你没有再见过出生的岛屿，完全没想过再看那片土地。从那时候开始，你一直住在波尔多。自从你成

---

① 同前，页36。
② 同前，页36。

为殖民地公务员后，大部分假期也是在波尔多度过。简而言之，你真的是我们的一分子。或许你并没有清楚意识到这点。希望你能了解，在这个情况下，你是一个波尔多的法国人。把这件事放到你的脑袋里。你对你安的列斯的同胞毫无所知。如果你和他们相处融洽，反倒会让我感到吃惊。而且我所认识的安的列斯人也和你毫不相似。

"实际上，你就和我们一样，你就是'我们'。你以我们的方式思考，你的反应就如我们所曾反应，就如我们所将反应。你认为自己是黑人吗？我们认为你是黑人吗？错！你只有外表像黑人。除此之外，你以欧洲人的方式思考。这样看来，你像欧洲人一样地爱也是自然的。欧洲人只爱欧洲人，你几乎只能娶一位你一直居住其境的国家的女子，一位法国这个好国家的女孩。法国，是你真正的国家、唯一的国家。现在让我们进到你最后一封信的目的。一边是叫作让·韦纳泽的男子，他与你就如兄弟般相似；另一边是安德蕾·玛里耶乐小姐。白皮肤的安德蕾·玛里耶乐，爱上这位极度棕色而且爱慕着安德蕾·玛里耶乐的让·韦纳泽。这并不妨碍你问我应该怎么办。可爱的傻瓜！……

"回到法国后，赶紧到那位芳心已属于你的女子的父亲家里，大声向他拍胸高喊：'我爱她。她爱我。我们相爱。她必须成为我的妻子。否则我就死在你的脚下。'"[1]

在恳求之下，这个白人答应将姐妹交给他，却是基于一个前提：你和真正的黑人没有丝毫共同之处。你的肤色并不是黑的，而是"极度棕色"。

在法国的黑人大学生相当熟悉这个过程。人们拒绝认为他们是真正的黑人。黑人是野蛮的，而大学生却是文明的。库朗热对他说，你是"我们"，如果有人认为你是黑人，那是错的，你只

---

[1] 同前，页152—153—154。

有外貌像黑人。但韦纳泽不愿意。他不能接受，因为他知道。

他知道"由于被这种令人感到耻辱的排斥所激怒，一般的混血儿和黑人来到欧洲时，心里只有一个想法：满足自己对白种女人的胃口。

"他们之中大部分的人，以及肤色最明亮的人，甚至会否认他们的故乡和他们的母亲，因此他们较少回到原居地恋爱结婚，在他们的婚姻中，支配欧洲女人的满足感掺杂着某种傲慢报复的兴味。

"我自问在自己身上是否也存在这种情形，如同所有人一样。如果我和你这样一位欧洲女子结婚，难道不是在表明自己不只鄙视与我同种族的女子，还被那对于白色胴体的欲望所牵引，被那自从白人统治世界后就对我们黑人禁止的白色胴体所牵引，在隐约模糊中致力于向一位欧洲女人报复所有她祖先在过去几个世纪中让我祖先所遭受的事。"①

为了解决主体的冲突，做了多少努力啊。我是白人，我生于欧洲，我所有的朋友都是白人。在我住的城市里，黑人还不到八个。我用法语思考，我信仰的宗教是法国。你们听见了吗，我是欧洲人，不是黑人，为了向你们证明，我要离开这里到殖民地当民政官，向真正的黑人显示存在于他们和我之间的差异。实际上，如果仔细重读这本书，您会被说服：

"谁在敲门？啊！对了。"

"苏亚，是你吗？"

"是，司令官。"

"什么事？"

"报告。卫兵五名，囚犯十七名。全员到齐。"

"除了这件事之外，没有别的事吗？有没有什么消息或

---

① 同前，页185。

信件？"

"没有，司令官。"①

韦纳泽先生有好几位男仆，他的小屋有一名年轻的黑女。对于那些似乎因为他要离去而感到怅然的黑人，他觉得唯一要说的事情是："你们走吧，你们走吧！你们看……离开你们让我难过。你们走吧！我不会忘记你们。我之所以要离你们而去，因为这里不是我的家乡，因为我在这里感觉太孤单、太空虚、太缺乏我所需要的各项舒适设备，这些东西你们还不需要，这对你们来说是种幸福。"②

在阅读这些句子时，我们无法不想到费利克斯·埃布耶③，他是个无可争议的黑人，置身同样的情况，却采取了另一种方式来看待他的责任。让·韦纳泽并不是黑人，他不要当黑人。然而，他在自己不自觉处（insu）制造了一道裂隙。其中有某些无法定义、不可逆转的事情，用哈洛德·罗森堡（Harold Rosenberg）的概念来说，那是真正的内在（that within）。④

路易·阿希尔⑤在一九四九年跨种族会议（Rencontres interraciales）提出的报告中说：

---

① 同前，页162。
② 同前，页213。
③ 译注：费利克斯·埃布耶（Félix Eboué, 1844—1944），出生于法属圭亚那的卡宴（Cayenne），法国第一位成为殖民地总督（gouverneur）的黑人，1936年派任瓜德罗普，1938年调任查德。1940年加入自由法国阵营，被任命为法属赤道非洲的最高总督（gouverneur général），并于1944年促成在法属赤道非洲首府布拉柴尔尔举办"布拉柴尔尔会议"（Conférence de Brazzaville），讨论法国殖民地未来。
④ "从游戏到我——行动地理学大纲"，《现代》，1948年4月号（"Du Jeu au Je, Esquisse d'une géographie de l'action", *Les Temps Modernes*, avril 1948, p.1732）。
⑤ 译注：路易·阿希尔（Louis Achille, 1909—1994），出生于马提尼克岛法兰西堡，为黑奴之孙。他在巴黎接受教育，为第一位取得学衔的黑人，之后于里昂市派克中学（Lycée du Parc）教授英文。1948年他于派克中学创立了黑人灵歌合唱团 Park Glee Club，广受众人瞩目。

"就那些确实是跨种族婚姻的人，我们可以自问，这桩婚姻对有色配偶而言，难道不是一种主观确认，代表那存在于他身上及眼中让他长久受苦的有色人种歧视已然终结。透过一定数量的个案研究，或是在这种变动不定的冲突中，寻找在幸福家庭生活的正常情况外实行跨种族婚姻的理由，应该是有趣的事。有些男人或女人和另一种族中条件或文化低于自己的对象结婚，但若是在自己的种族中，他们并不会选择这样条件的人当配偶，这些结婚对象的主要王牌似乎就是能为改变生活环境和'去种族化'（déracialisation）（可怕的字眼）提供保证。对某些有色人种而言，和白人结婚似乎优于其他考虑。他们由此获得和这个卓越种族、世界主人、有色人种支配者完全平等的地位……"[1]

我们知道，在历史上，一个黑人要是犯下和白种女人上床的罪行，就会遭到阉割。黑男要是拥有白女，就会被同类视为犯忌。以人类的才智，要制造这种性偏见的悲剧再容易不过了。这也正是雷姆叔叔（l'oncle Rémus）的原型企图要表现的：兔兄弟代表了黑人。[2] 他是否成功地和米都女士的两个女儿上了床？人生起起伏伏，这些故事都由一个带着笑意、善良、愉快的黑人——一个微笑提供服务的黑人来诉说。

我一直到很晚才初次感受到青春期的萌动。那时有位同伴从法国本土回来，怀里搂着一位年轻的巴黎女孩，我既羡慕又觉得荣幸。我们会另辟专章试着分析这个问题。

最近我和几位安的列斯人谈话，听说抵达法国的人最常关

---

① 《世界的律动》，页113（*Rythmes du Monde*，1949，p.113）。
② 雷姆叔叔和兔兄弟是迪士尼电影《南方之歌》（*Song of the South*）中的人物。这部电影改编自乔尔·钱德勒·哈里斯（Joel Chandler Harris）的著作，于1946年推出，1949年在法国上映，内容叙述父母离异的男孩约翰尼（Johnny）来到美国南方的农场，遇见慈祥乐观的老黑奴雷姆叔叔。雷姆叔叔为他讲述兔子布瑞尔（Brer Rabbit）的许多故事，使他忘记烦忧。

切的事，就是和一位白种女人上床。一到勒阿弗尔，他们就朝
妓院而去。一旦完成这个"真正"男子气概的成人礼，他们就
搭火车前往巴黎。

但此处的重点是质问韦纳泽。为此我们要大大地借重热尔
梅娜·盖（Germaine Guex）的著作《遗弃型精神官能症》。①

作者将具有前俄狄甫斯性质，所谓的遗弃型精神官能症，
相对于弗洛伊德正统派所描述的真正的后俄狄甫斯冲突，并分
析了这两种形式，第一种似乎说明了韦纳泽的情况：

"所有的抛弃所引起的焦虑、造成的侵略性，导致了自我的
无价值化（non-valorisation），就在这个三脚支架上，这种精神
官能症的整个症状学得以建立。"②

方才我们说韦纳泽是一个内向的人。我们知道在性格学上，
或是以比较合适的用语来说——在现象学上，情感的内倾会造
成自闭思想。③

"在负面侵略型（le type négatif agressif）的案主身上，过去
的困扰，连同他的挫折、他的空虚、他的失败，瘫痪了生命冲
动。一般而言，这种类型比正面多情型（le type positif aimant）
更内倾，案主会有一种反复思量过去和现在所遭遇到的失望之
倾向，并在自己身上发展出多少有些神秘的地带，带着苦涩和
破灭的怨恨，经常构成一种自闭（autisme）。然而被遗弃焦虑患
者与真正的自闭者相反，他意识得到这个由自己培育并保卫不
受侵扰的神秘地带。他比第二种类型（正面多情型）的精神官
能症患者更加自我中心，将所有的事都联系在自己身上。他不

---

① 热尔梅娜·盖，《遗弃型精神官能症》（Germaine Guex, *La névrose d'abandon*,
Paris, Presses Universitaires de France, 1950）。
② 同前，页13。
③ E. 明科斯基，《精神分裂症》（E. Minkowski, *La schizophrénie*, Paris, Payot,
1927）。

太具有奉献的能力，他的侵略性，一种对复仇的持续需要，约束了他的生命冲动。退缩回到自己（repliement sur lui-même）让他无法产生任何能够补偿过去的正面经验。还有，缺乏价值提高的情形，从而对感情缺乏安全感，这种状态在他身上几乎全面发生；由此产生一种面对生命和存在的强烈无能感，以及对责任感的全然拒绝。别人背叛他，让他受挫，然而他也只能期待别人来改善他的命运。"①

这是一段可以套用在韦纳泽这个人物身上的绝妙叙述。因为，他告诉我们："只要我长大成人，并且替自己归化的国家前往祖先的家乡服务，我就会怀疑自己是不是被身旁所有的人所背叛，②白人不承认我是自己人，黑人也几乎不承认我。这正是我的处境。"③

对过去的反驳态度，自我的无价值化，不可能如所愿地被了解；听听看韦纳泽怎么说：

"谁来诉说这些热地（pays-chauds）小孩的绝望。为了将他们培育成真正的法国人，他们的父母很早就把他们安置到法国，很快就把这些自由又活泼的孩子送到高中寄宿。这些父母流着泪说：'这是为了他们好。'

"我曾经也是这些间歇性孤儿中的一个，这件事让我终身受苦。七岁时，父母便将我的童年学习托付给一所坐落在田野间忧郁的雄伟高中……青少年的各种把戏从来没能让我忘记自己的青涩岁月是如何伤痛。我的个性造成了内心的忧郁及对社会生活的恐惧，到今日仍然抑制着我，一直到最微小的生命冲动……"④

然而，他原本会想要被众人环绕、被包围。他原本不会希

---

① 热尔梅娜·盖,《遗弃型精神官能症》,页27—28。
② 强调处为笔者所加。
③ 勒内·马朗,页36。
④ 勒内·马朗,页227。

望成为被遗弃者（abandonée）。在假期时，所有人都离去了，他独自——记住独自这个词——独自在广大的白色中学里……

"啊！没有人安慰孩子的泪水……他绝不会忘记众人这么早就让他学习面对孤独……被幽禁的存在，内缩和封闭的存在，我太早学习在其中进行冥想和反思。孤独的生命，久而久之，连微不足道的事都会激动良久，因为这个生命有着敏感的内在。由于没有能力表露自己的愉快或伤痛，我拒斥所有我所爱的人，绕过所有吸引我之物，即使我心里并不想这么做。"①

这里发生了什么事？两种过程：我不要大家爱我。为什么？因为在很久以前，那时我刚开始发生客体关系（relation objectale），就在某天被遗弃了。我绝不会原谅我的母亲。由于曾经被遗弃，我要让其他人受苦，用遗弃他人直接表达我复仇的需求。我要远离这里到非洲去；我不要被爱，我要避开客体。热尔梅娜·盖把这种表现称为："为证明而进行考验。"我不要被爱，我要采取防卫的姿态。如果客体坚持的话，我将会宣告：我不要人爱我。

无价值化？是，当然。"作为被爱的对象，这种自我的无价值化会产生严重的后果。一方面，它将个体维持在一种内在深层的不安全状态中，由此抑制或扭曲所有与他者的关系。个体对自己的怀疑，在于自己是否能够成为激起同情或爱的客体。只有在幼年曾经因为缺乏爱和理解而受苦的人身上，才观察得到情感的无价值化。"②

韦纳泽希望成为一个和其他人相同的人，但他知道这种处境是虚假的。他是个追寻者，在白人眼里寻求宁静和允许。因为他，就是"**他者**"——"情感的无价值化总是会让遗弃焦虑

① 热内·马朗，页228。
② 热尔梅娜·盖，《遗弃型精神官能症》，页31—32。

患者产生一种极端艰难和纠缠的情绪，觉得自己被排拒、无所安身、过于漂泊……作为'**他者**'，就是觉得自己总在不稳定的位置上，处于警戒状态，随时准备被抛弃，以及……无意识地做所有那些让预期的灾难得以发生之事。

"我们无法充分考虑伴随这些遗弃状态所会产生的痛苦强度，这是一种部分连结于婴儿初次被排斥经验的痛苦，实际上，它会让这些经验以所有的强度再次发生……"①

被遗弃焦虑患者需要各种证明，他再也无法满意于孤立的认可。他没有信心。在连结一项客观关系前，他反复要求对方提出证据。这种态度的意义是"为了不被抛弃，因此不去爱"。被遗弃焦虑患者是个要求严苛的人。他觉得自己有权要求所有补偿。他要全然被爱，绝对地被爱，而且永远地被爱。听下面这段话：

"我所钟爱的让：

"一直到今天，我才收到您七月寄来的信。这封信完全是不理智的。为什么要如此折磨我？您的残忍无可比拟，您是否知道，您给了我一份掺杂了忧虑的幸福。您让我变成世上最快乐的人，同时也是最悲伤的人。到底要我重复说多少次我爱您、我属于您、我等着您。快来吧。"②

被遗弃焦虑患者最后遗弃了别人。人家请求他、需要他。他被人所爱。然而，有那么多的幻觉！她真的爱我吗？她能客观地看待我吗？

"有一天，尼得爸爸有位好朋友来访，他从没见过彭塔彭特。他从波尔多来。但是，天啊，他很脏！天啊，尼得爸爸的好朋友是那么丑！他有一张难看的黑脸，完全是黑色的，证明

---

① 热尔梅娜·盖，《遗弃型精神官能症》，页35—36。
② 勒内·马朗，页203—204。

他一定不常洗脸。"①

由于心里挂念着要从外在找到他灰姑娘情结的原因，韦纳泽将种族主义刻板印象的手段投射到三四岁的小孩身上。他将对安德蕾说：

"告诉我，亲爱的安德蕾……虽然我的肤色如此，如果我向您提出请求，您愿意成为我的妻子吗？"②

他深深地怀疑。以下是热尔梅娜·盖对这件事的描述：

"首要特征似乎就是恐惧显露自己所是。正是在此处，有个包含了各式各样恐惧的广大界域：怕让人失望、怕惹人生气、害怕让人厌倦、害怕惹人厌烦等等，结果便是无法和他者创造同理的联系，或是对已经存在的联系造成损害。被遗弃焦虑患者怀疑大家能够如他所是地爱他，因为在年幼时，他不带心机地希望得到别人的温柔对待，却遭遇被遗弃的残忍经验。"③

然而韦纳泽的生命并不欠缺补偿。他作诗；他的阅读内容惊人；他对苏亚雷斯④的研究令人敬佩。热尔梅娜·盖对这点也做了分析："负面侵略型的人是自我的囚徒，被禁锢在自己的矜持中。所有那些他不断失去的事物，或是因为被动而造成欠缺的事物，都被他用来夸大那无法弥补的感觉……因此，他有一种深层的无价值感，只有在某些特别的领域，像是他的知识生活或是他的职业⑤，才会产生例外。"⑥

这个分析的目的何在？正是要向韦纳泽证明，他的确和其他人不同。萨特说：让人们对自己的存在感到羞耻。对，让他

① 勒内·马朗，页84—85。
② 同前，页247—248。
③ 热尔梅娜·盖，《遗弃型精神官能症》，页39。
④ 译注：苏亚雷斯（André Suarès，1868—1948），法国作家，著有诗作、悲剧及多篇论文。
⑤ 强调处为笔者所加。
⑥ 热尔梅娜·盖，《遗弃型精神官能症》，页44。

们意识到那些被自己禁止的可能性，意识到自己在某些处境中表现的被动性，那些处境正需要他们像刺一样紧紧扎在世界的心脏，在必要时改变其韵律，在必要时移动操控系统，无论如何，一定要面对世界。

韦纳泽是内在生命的十字军。当他再次见到安德蕾，面对那个数月以来一直欲求的女人，他却躲入沉默……那种对于"知道言语或手势造假性"的人而言，如此具有说服力的沉默。

韦纳泽是个精神官能症者，他的肤色只不过是由一种心理结构所做的解释企图。即使客观差异并不存在，他也会凭空捏造出来。

韦纳泽是那种只想置身在观念层次上的知识分子。他无法和他人进行实质接触。大家对他亲切、和善、人道？那是因为他无意中撞见门房的一些秘密。他"清楚他们的底细"，对他们保持戒心。"如果这样的说法可以被接受的话，我会说我的警戒心是个保险槽。我以礼貌和天真的态度接受众人对我的亲近，接受并回报众人提供给我的餐前酒，参加人们在桥上举办的游戏活动，但绝不让自己被众人所表达的善意所欺骗。不久以前，大家还企图孤立我，现在却又操之过急地要用这种过度社交来取代敌意。我对这种过度社交抱着怀疑。"①

他接受餐前酒，却礼尚往来。他不要亏欠任何人任何事。因为如果不回报，他就会和其他黑人一样忘恩负义。

大家凶恶吗？那是因为他是个黑人。因为人们不能不厌恶他。然而，我们要说，让·韦纳泽，别名勒内·马朗，是个不折不扣的黑人被遗弃焦虑患者。我们要将他重新放在他的位置，他正确的位置上。这是一个需要从幼年的幻觉中被解放出来的精神官能症患者。我们要说，韦纳泽所代表的并不是黑白关系

---

① 勒内·马朗，页103。

的某种经验，而是个精神官能症患者的某种行为方式，只不过这个患者恰巧是黑人。我们研究的目标很明确：借助明确的个案，让有色人种了解会让他的同种异化的心理要素。在进行现象学式描述的专章中，我们将进一步讨论，但让我们记得，我们的目标是让黑人和白人能够健康地相遇。

韦纳泽长得丑陋。他的肤色是黑的。这还不够吗？只要重新阅读热尔梅娜·盖的叙述，我们就会相信这项明显的事实：《一个和其他人相同的人》是一种诈骗，是一种想让两个种族的接触取决于体质病态的尝试。必须承认：只有已经超越体质观念的人，才能够将它当成迷思来看，在精神分析层面和哲学层面都是如此。从启发性的观点来看，所有体质性的存在都必须否定，即使如此，仍然有许多人极力进入既存的框架中，对此我们无能为力。或者，我们至少能做一些事，如果能够的话。

方才我们提到雅克·拉康，这并非偶然。一九三二年，他在博士论文中对体质观念做了猛烈的批评。从表面看来，我们背离了他的结论，但只要大家回想我们用结构的概念取代法国学派所理解的那种体质概念时，就会了解我们的分歧所在。结构——"包含了无意识的精神生命；无意识能够部分地被我们所认识，特别是以被压抑物和压抑者的形式来认识；而压抑，在每个心理个体的特有构造之形成过程中，扮演了积极参与的角色。"[1]

我们看到，在检视下，韦纳泽显露出一种负面侵略型被遗弃焦虑症患者的结构。我们可以用反应的角度来解释这件事，也就是说经由环境及个体的互动来解释并提出要求，譬如改变环境，"换换空气"。正是，在这个案例中，我们觉得结构可能会存续下来。韦纳泽之所以强制自己换空气，并不是为了要作为人而立

---

[1] 热尔梅娜·盖，同前引书，页54。

身；他的目的并不是为了世界的良好赋形；他寻求的丝毫不是作为心理-社会平衡特征的完形（prégnance），而是为了确认自己那情感表达的——外表化（externisante）的精神官能症。

个体的精神官能症结构，正是在自我中起造、形成、出现的冲突症结。这个冲突症结一方面来自环境，另一方面则相当个人地来自个体对这些影响的反应方式。

有些解释企图把妮妮和卡佩西亚的行为，推论成黑女面对白男的行为通则；就如同这是种欺骗企图，我们也必须承认，把韦纳泽的态度扩张解释成黑男就是如此，同样是缺乏客观的。希望我们已经打消了所有想把韦纳泽的挫败归咎于黑色素集中在他皮肤上的企图。

寻求白色胴体，这种性迷思由异化的意识所传递，阻碍了活络的理解，这样的事不能再发生。

不管以何种方式，我的肤色都不应当被看成一种缺陷。打从黑人接受了欧洲人所强加区分的那一刻起，他就不再能够喘息，"从此以后，他试着将自己提升到白人的等级，在自己分派了阶序关系的颜色等级中提升自己，这难道不是可以理解的吗？"①

我们会看到，另一种解决方式是可能的。那意味着世界的重新结构。

---

① 克劳德·诺迪，《有色人种》(Claude Nordey, *L'homme de couleur*, Paris, Plon, Coll. "Présences", 1939)。

第四章　所谓被殖民者的依赖情结

> 世界上任何一个被迫害的可怜家伙、任何一个受折磨的可怜人，无不让我感到自己也在他们身上被杀害和被羞辱。
>
> ——塞泽尔，《诸犬禁声》

当我们开始进行这项工作时，我们手边握有的玛诺尼先生的著作，只有几篇发表在《心理》(*Psyché*) 期刊上的文章。我们曾经打算写信给他，请他告诉我们他的结论。后来才知道有一本集结玛诺尼先生思考的书即将出版，目前这本著作已经问世，书名是《殖民心理学》(*Psychologie de la colonisation*)，我们马上会探讨这本书。

在进入细节以前，我们要表明的是，这本书的分析是诚实的。玛诺尼先生亲身经历过殖民情境必然具有的极端暧昧状态，他掌握了对"土著–殖民者"关系产生支配作用的心理现象，不幸的是太过穷尽。

当前心理学研究的基本特征，似乎就在实现某种穷尽性。但我们不应该失去现实的观点。

我们将会揭示，虽然玛诺尼先生用了二百二十五页的篇幅，说明这个关于殖民情境的研究，但他并没有掌握到殖民情境的真正坐标。

当我们着手研究两个不同民族相互了解的可能性，面对这么重要的问题，应该加倍小心。

我们受惠于玛诺尼先生，他在研究中加入两项要素，没有人可以忽略它们的重要性。

方才我们所做的粗略分析似乎已经排除了这个领域所具有的主观问题。玛诺尼先生的研究是诚恳的，他企图指出，人类在面对一种既定的情况时，不是加以承担，就是加以否定，在这两种可能性之外，我们将无法解释人类。因此殖民问题所包含的，不只是历史客观条件的交会，也是人类对待这些条件的态度。

玛诺尼试图将冲突病理学化，也就是揭示出，白人殖民者只会被一种欲望所驱动，那就是在阿德勒式过度补偿（la surcompensation adlérienne）的层面上，终止自己的不满足感。对于这部分研究，我们非常赞同。

不过，我们并不同意他在以下这个句子中的说明："一个被隔离在另一个环境中的马尔加什成年男子，会明显表现出自卑情结的典型形式，这项事实以几乎无可辩驳的方式证明，从幼儿时期开始，他的身上就带着自卑的基因。"[1]

在阅读这段文字时，我们感到震惊，作者的"客观性"可能会诱使我们陷入错误。

然而我们仍然满怀热忱，试着重新找回问题的定向线，玛诺尼先生著作的"核心观念是：'文明人'与'原始人'的相遇，创造一种特殊情境——殖民情境，使得幻象及误解整体显现（apparaître），只有精神分析才能标识及说明"。[2]

---

[1] 奥克塔夫·玛诺尼，《殖民心理学》，页32。
[2] 参见《殖民心理学》一书的封面内页，强调部分为笔者所加。

既然这是玛诺尼先生的出发点，为什么他还要把自卑情结当成殖民发生前便已存在的事？我们知道心理治疗的解释机制会说：精神疾病有其潜在形式，会由于创伤而变得明显。外科的说法是：一个人会出现静脉曲张，并不是因为他必须站立十小时，而是因为血管壁虚弱的体质；工作形式只不过是让症状发生的有利条件，接受委托进行调查的专家会裁定雇主只需负担相当有限的责任。

在进入玛诺尼先生结论的细节之前，我们要先说明我们的立场。仅此一次，我们提出这项原则：一个社会要么是种族主义社会，要么不是。一旦我们没有掌握这项明显的事实，就会忽略许多问题。例如有人说：法国北部比南部更有种族偏见；种族主义是下层民众的行为，和精英丝毫无关；法国是世界上最没有种族偏见的国家。这些说法正是人们无法正确反省的证据。

为了向我们证明种族主义并非经济状况的再现，玛诺尼先生提醒我们："在南非，白种工人表现出来的种族偏见，和领导干部及雇主同样多，有时候甚至更严重。"①

但是很抱歉，我们希望那些负责描述殖民的人记得一件事：要研究一项不人道的行为和另一项不人道的行为有什么不同，这是不切实际的。我们丝毫不想用我们的问题让世界变得更肿胀，但我们要直率地问玛诺尼先生，难道他不认为，对一个犹太人而言，莫拉斯②的反犹主义和戈培尔③的反犹主义并没有什么差别。

---

① 奥克塔夫·玛诺尼，《殖民心理学》，页16。
② 译注：莫拉斯（Charles Maurras, 1868—1952），法国作家、记者及政治理论家，二战期间支持维希政府，战后被判终生监禁，并撤除法兰西学院院士荣衔。
③ 译注：戈培尔（Joseph Gœbbel, 1897—1945），纳粹德国的主要领导人之一，自1933年起担任宣传部长，有系统地宣传纳粹意识形态，特别是反犹主义。

在《可敬的妓女》(*La Putain respectueuse*) 于北非演出之后，一位将军告诉萨特："您的戏剧能够在北非上演是件好事，它显示在法国土地上的黑人要比他们在美国的同类幸福得多。"

我真心相信主观经验能够被他人所了解；前来宣称：黑人问题是我的问题，我独自的问题，然后自己进行研究，这丝毫不会让我感到开心。但我觉得玛诺尼先生并没有试着去感受有色人种在面对白人时内心的绝望。我致力于这项关系到黑人苦难的研究，不管在知觉上或情感上都是如此。我并不想要客观。因为，那是虚假的：就我而言，客观是不可能的。

一个种族主义和另一个种族主义之间是否真有不同？难道我们没发现人类相同的堕落及败坏。

玛诺尼先生认为，南非的贫穷白人之所以厌恶黑人，与经济过程无关。借由对反犹心态的回顾，众人可以了解这种厌恶黑人的态度，此外——"我也愿意将反犹主义称为穷人的时髦。事实上，大部分的富人只是利用 [1] 这种情绪，而非让自己陷入其中，因为他们还有其他事要做。反犹主义的情绪通常在中产阶级散布，这恰恰是因为他们既没有土地，也没有城堡和豪宅！在把犹太人看成低下和有害的存在时，我同时也肯定了自己是个精英。"[2] 我们可以反驳指出，白人无产者将侵略性移置到黑人无产者身上，这根本就是南非经济结构的结果。

南非是什么？一个锅炉，炉里有两百五十三万零三百名白人粗暴地对待并圈禁一千三百万名黑人。可怜的白人之所以仇视黑人，那并不是因为"种族主义是终日劳碌却事业无成的小商人和小殖民者的作为"[3]，就如同玛诺尼所说的那样。不，

---

① 强调部分为笔者所加。

② 萨特，《对犹太问题的思考》，页 32 (Jean-Paul Sartre, *Réflexions sur la question juive*, Paris, Morihien, 1946, p.32)。

③ 奥克塔夫·玛诺尼，《殖民心理学》，页 16。

那是因为南非的结构是个种族主义的结构:"在南非,亲黑(négrophilie)和博爱被当成侮辱人的字眼……有人提议在地域、经济和政治场上将土著与欧洲人分开,让他们能够在白人权威的指导下建立自己的文明,但是在种族间维持最少的接触。有人建议设置土著保留地,强迫最多数量的土著居住其中……经济竞争将会被消灭,而且会安排出一条路径,好让占欧洲裔人口百分之五十的'贫穷欧洲人'得以复权……

"大部分南非人在面对将土著或有色人种放到和自己相同等级的所有安排时,都会感到一种几乎是身体性的厌恶感,这么说并不夸张。"①

为了终结玛诺尼先生的论点,让我们记住这句话:"在造成经济壁垒的各项原因中,包括恐惧竞争,以及希望保护占欧洲人民半数的白人贫穷阶级,让他们不至于落入更低下的境况。"

玛诺尼先生继续写道:"殖民剥削不能与其他形式的剥削相混淆,殖民的种族主义不同于其他的种族主义……"② 作者谈论现象学、精神分析、人类的一体性,但我们要赋予这些词语更具体的特性。所有形式的剥削都相似,都在一些圣典级的法令中寻找它们的必然性。所有形式的剥削都相同,因为都被施予同样的"客体"——人类身上。当众人想在抽象层面思考这种或那种剥削的结构时,就已遮蔽了主要的、根本的问题,那就是将人放回他原有的位置。

殖民种族主义和其他种族主义并没有不同。

反犹主义深深触动着我,让我激动不已,有个可怕的争论让我变得孱弱无力,众人拒绝我作为人的权利。我无法和我兄弟的

---

① R. P. 欧斯文,《有色人种》,页 140(R.P. Oswin. Magrath du couvent dominican Monastery de St. Nicholas, Stallenbosch, Afrique Australe Anglaise, *L'homme de couleur*, p.140)。——强调处为笔者所加。

② 奥克塔夫·玛诺尼,《殖民心理学》,页 19。

命运分离。我的每个行动都涉及人。我的每步迟疑、每分软弱，都在彰显人。① 我们似乎依然听见塞泽尔说："当我扭开收音机的开关，听见美国的黑人被迫害时，我要说众人欺骗了我：希特勒并没有死；当我扭开收音机的开关，知道犹太人被侮辱、被蔑视、被屠杀时，我要说众人欺骗了我：希特勒并没有死；当我终于扭开收音机的开关，得知在非洲强迫劳动被制度化、被合法化时，我要说众人真的欺骗了我：希特勒并没有死。"②

是的，欧洲文明和它最有资格的代表人对殖民种族主义负有责任；③ 我们要继续求助于塞泽尔："哎呀！有一天，布尔乔亚阶层被再次出现的大震荡吵醒：盖世太保忙碌不已，监狱装满

---

① 在写这段话时，我们想到雅斯贝尔斯所说的形而上的罪："人之为人，在于人类之间存在着连带责任，据此，每个人对世上所有的不公义和所有的恶都有共同责任，特别是当他在场或是知情时所犯下的罪。如果我没有尽我所能去阻止它，我就是共犯。如果我没有冒生命危险来阻止其他人被杀害，如果我默不作声，我会觉得自己有罪，其意义不管在法律上、政治上、道德上都无法得到充分的了解……即使事情发生之后我仍然活着，但它们却压着我，就像是无法平息的罪疚感。

"在人类关系深处的某个地方，有种绝对的要求强制着：当遇到犯罪攻击或是当生命情境威胁到肉体存在时，要不就整全地活着，要不就死去。"（卡尔·雅斯贝尔斯，《德国的罪责》，页 60—61〔Karl Jaspers, *La culpabilité allemande*, traduit par Jeanne Hersch, pp.60—61〕。）雅斯贝尔斯宣称只有上帝才是称职的法庭。但我们很容易就可以看出，上帝在这里并无法做什么。除非我们不愿意阐明这种对同类感到有责任者的实在及义务。在此意义下，有责任是指我任何微小的行为都关涉到人。每个行动都是一种回答或是一个问题，或者同时是两者。在用某种方式表达我那自我超越的存在时，我肯定了我为他者所做的行为的价值。相反地，在历史的混乱时刻所观察到的消极性，可以看成这种义务的破产。荣格（Jung）在《当代悲剧的面向》（*Aspects da drame contemporain*）中说，所有欧洲人都应该在亚洲人或印度人之前，答复他们对野蛮纳粹所犯罪行的质问。另一位作家玛莉丝·舒瓦齐夫人（Madame Maryse Choisy），在《波利克拉特的指环》（*L'Anneau de Polycrate*）中描述了第二次世界大战德军占领期间"中立者"该负的罪责。他们都模糊地感到自己对所有的死者和集中营负有责任。

② 引自记忆——政治演说，1945 年选战，法兰西堡。

③ "欧洲文明和它最有资格的代表人对殖民种族主义没有责任；殖民种族主义是终日劳碌而无成的下层民众、小商人和移殖民的作为。"（奥克塔夫·玛诺尼，《殖民心理学》，页 16）

78

了人，施刑者围着刑架发明、提炼、讨论。

"众人惊讶、愤怒。众人说：'多么奇怪啊！但是，算了！这是纳粹主义，会过去的！'众人等待、期望，却闭口不告诉自己真相。这是一种野蛮行为，而且是最极致的野蛮，达到顶点，概括了野蛮的日常性。这是纳粹主义，是的，但众人在成为它的受害者之前，先是它的共犯；这种纳粹主义，众人在承受它之前先忍受了它，众人宽恕它，对它闭上眼睛，将它正当化，因为，在此之前，它只施用在非欧洲民族身上；众人培育了这种纳粹主义，对它负有责任；它从西方和基督教文明的所有裂缝中涌现、穿出、滴落，直到将这个文明淹没在那被染成红色的海中。"①

每一次我看到阿拉伯人，带着被追捕、多疑、不可捉摸的神情，蒙着看起来像是专门为他们缝制的破烂长袍，我就对自己说：玛诺尼先生错了。我经常在大白天被警察拦住，因为他们把我当成阿拉伯人。当他们知道我的出身时，便赶忙请求原谅："我们知道马提尼克人和阿拉伯人不同。"我强烈地抗议，但是他们对我说："您还不认识他们。"玛诺尼先生，事实上您错了。"欧洲文明和它最有资格的代表人对殖民种族主义没有责任？"这句话意味着什么？难道不是在说殖民主义是冒险家和政客搞出来的，实际上，那些"最有资格的代表人"和这场混乱无关。然而，弗朗西斯·詹森②说，一个国家的所有侨民

---

① 埃梅·塞泽尔，《论殖民主义》，页14—15。

② 译注：弗朗西斯·詹森（Francis Jeanson，1922—2009），法国哲学家。他的第一本著作《道德问题与萨特思想》（*Le Probleme moral et la pensée de Sartre*）引起了萨特的注意，两人因此成为好友。在萨特的引介下，詹森自1948年起成为《现代》（*Les Temps Modernes*）的主要撰稿人之一，并积极参与法国知识圈的各项论战。阿尔及利亚战争爆发，由于同情独立分子，詹森于1957年在法国设立了地下机关，对阿尔及利亚民族解放阵线（FLN）提供各项援助。相对于当时法国左派普遍采取的暧昧态度，詹森在阿尔及利亚问题上的立场，使得他与左派的关系日渐疏离。

对以此国家之名所做的行为都负有责任："日复一日，这个体制在您周围发展出有害的后果；日复一日，它的提倡者以法国之名推行一项怪异至极的政策，不但违背您的真实利益，也违背您最深层的要求……您借由和某种现实秩序保持距离来荣耀自己：由此，您让那些丝毫不会因为病态环境而感到不愉快的人为所欲为，他们不会感到不愉快，因为这些环境是由他们自己的行为所造成。如果表面上您能够不玷污自己，那是因为其他人代替您弄脏了自己。您有的是打手，账算到最后，您才是最应该受到谴责的人：因为如果没有您，没有您漫不经心的盲目，这些人就不会继续做这么一件让您受谴责也让他们不光彩的行动。"①

方才我们提到南非有种族主义的结构，现在我们要更进一步，我们要说欧洲有种族主义的结构。我们很清楚玛诺尼先生不会对这个问题感兴趣，因为他说："法国是世界上最没有种族偏见的国家。"② 黑人啊，为成为法国人而喜悦吧，即使这件事有些艰难，因为你们在美国的同类要比你们不幸得多……法国是个种族主义的国家，因为"黑人是低劣的"这个迷思已经成为法国集体无意识的一部分。稍后（第六章）我们会证明这点。

让我们随着玛诺尼先生继续："事实上，由肤色产生的自卑情结，只有在以少数状态处于另一种肤色环境的个人身上才观察得到；在一个像马尔加什人一样的同质群体，其社会结构仍然相当稳固，除了例外个案，人们不会遇到自卑情结的问题。"③

---

① 弗朗西斯·詹森，《这个被征服和绥靖的阿尔及利亚》，《精神》，1950 年 4 月号（Francis Jeanson, "Cette Algérie conquise et pacifiée...", *Esprit*, avril 1950, p.624）。
② 奥克塔夫·玛诺尼，《殖民心理学》，页 31。
③ 同前，页 108。

我们要再次要求作者多些谨慎。殖民地的白人绝对不会对任何事感到自卑；就如玛诺尼所说："他要不就当神，要不就被吞噬。"殖民者，即使"处于少数"，也不会感到自卑。在马提尼克有两百个白人，自认比为数三十万的有色人种都优越。在南非，有两百万个白人，将近一千三百万个土著，没有一个土著会认为自己比位居少数的白人优越。

即使阿德勒的发现，以及孔凯尔（Kuenkel）[1] 同样有趣的发现，解释了某种精神官能症行为，但我们不该由此导出应用在极为复杂问题上的法则。卑下化是欧洲优位化的本土关联词。让我们鼓起勇气说：是种族主义造成了自卑者。

经由这个结论，我们和萨特重新连结起来，他说："犹太人是被其他人当成犹太人的人：这个简单的事实，就是我们应该立足的起点……是反犹主义制造了犹太人。"[2]

玛诺尼告诉我们的那些例外个案是如何生成的？很简单，那是因为开化者突然发现自己被自己所接受吸收的文明所排拒。所以结论应该如下：只要作者所谓的真正马尔加什类型者愿意接受自己的"依赖性行为"，所有事情都会是最好的；然而，如果他忘记自己的位置，如果他认为自己和欧洲人平等，那么欧洲人便会生气恼火，便会斥责他厚颜无耻——在这种情况下，在这个"例外个案"中，他必须为拒绝依赖而付出自卑情结的代价。

先前我们从玛诺尼先生的某些宣称中，揭示了一种至少是危险的误认。事实上，他让马尔加什人在自卑和依赖之间做选择。在这两种解决方式外，没有丝毫的救赎。"当他（马尔加什人）成功地和上层人士在生活中建立起这样的（依赖）关系，

---

① 译注：原文只注明孔凯尔（Kuenkel）。根据讨论阿德勒自卑情结的脉络，应该是指弗里兹·孔凯尔（Fritz Künkel, 1889—1956），德国心理学家。
② 萨特，《对犹太问题的思考》，页88—89。

他的卑下性便不再对他造成妨碍，所有的事都会很好。当他未能成功，当他没有以这种方式来调整自己的不安全境况，他就会感到挫败。"①

玛诺尼先生的首要关注是：批判那些对原始民族感兴趣的民族志学者到目前所使用的方法。但我们看到他的著作应该受到指责之处。

在将马尔加什人关闭在其风俗中之后，在用自己的世界观进行单向分析之后，在以封闭的圈圈来描述马尔加什人之后，在说马尔加什人与祖先维持着具有高度部落特征的依赖关系之后，作者无视于所有的客观性，将结论应用在双向理解之上——故意忽略自从加利埃尼②以来，马尔加什人已不存在。

我们要求玛诺尼先生做的，是向我们解释殖民情境，他偏偏忘记做这件事。没有损失什么，也没有造成什么，这我们同意。乔治·巴朗迪埃③在一个关于卡丁纳（Kardiner）和林顿（Linton）④的研究⑤中，曾就人格的动态关系戏谑地模仿黑格尔

---

① 奥克塔夫·玛诺尼，《殖民心理学》，页61。

② 译注：加利埃尼（Joseph Simon Galliéni，1849—1916），1896年到1905年间担任马达加斯加总督。他终结了当地的反抗行动，废黜拉娜瓦罗纳（Ranavalona）三世女王，交互运用军事和政治力量进行殖民统治。他的著作《马达加斯加的绥靖》（La pacification de Madagascar，1899）记录了这段统治经验。

③ 译注：乔治·巴朗迪埃（Georges Balandier，1920—2016），法国人类学家和社会学家，其研究主要关注当代非洲社会的变动。他开创了去殖民社会学（sociologie de la décolonisation）和变迁人类学（Anthropologie du changement），对战后法国社会学及人类学研究视角产生相当大的影响。

④ 译注：卡丁纳（Abram Kardiner，1891—1981），美国心理分析学家及民族学家；林顿（Ralph Linton，1893—1953），美国人类学家。

⑤ 《民族学要在哪里重新找到人类的整全性》，《精神》，1950年4月号（"Où l'ethnologie retrouve l'unité de l'homme"，Esprit，avril 1950）。

写道："最后的状态是此前所有状态的结果，并应该包含此前所有状态的所有要素。"虽然是俏皮话，却仍然是许多研究者奉行的准则。由于欧洲人来到马达加斯加岛 ① 才产生的反应和行为，并不是附加在先前已经存在的事物上，先前的心理阻滞并没有扩大。打个比方，如果说火星人试图殖民地球人，并不是为了让地球人接受火星文化，而完全就是为了要殖民他们，那么我们怀疑是否还有任何一种人格能够持续存在。卡丁纳纠正了许多判断，他写道："教导阿罗（Alor）人基督教义，是一种吉诃德式的举动……只要人格的构成要素还是与基督教教义全然不协调，这件事就没有任何意义，② 肯定从一开始就是错误。"③ 如果说黑人排斥基督的教导，那绝对不是因为他们没有能力领会基督教义。要了解新事物，我们必须安排自己，准备自己，将自己调整成新的形态。在吃饱都成问题的情形下，要期待一个黑人或阿拉伯人将抽象价值安插到他们的世界观里，那是不切实际的。要求一个上尼日的黑人穿鞋，说他无法变成舒伯特，④ 就好比因为一个贝里耶（Berliet）汽车厂的工人不利用晚上的时间研究印度文学的抒情诗而惊讶，或是宣称他绝不会变成爱因斯坦，两者同样荒谬。

---

① 译注：在欧洲人到达马达加斯加岛之前，非洲人和印度尼西亚人陆续迁入，形成马拉加西人共18族。1500年，葡萄牙人狄亚士（Diogo Dias）来到马达加斯加岛，17和18世纪初期，岛上陆续出现两个大王国和许多小王国，一直到19世纪初形成全岛统一的马达加斯加王国。19世纪30年代法国入侵，1896年成为法国殖民地。1957年成为"半自治共和国"，1958年成为"自治共和国"，1960年6月26日宣布独立，成立马达加斯加共和国。在法农写作本书时，马达加斯加岛依然是法国殖民地。

② 译注：卡丁纳和林顿指出：一个社会的初级制度（家庭组织、生产技术及儿童教养方式等），会形成该民族的"基本人格结构"，并表现在次级制度（宗教、神话、艺术……）中。从这个观点来看，由于宗教为次级制度，只要初级制度中有相冲突的因素，任何传教的努力都是徒劳。

③ 转引自乔治·巴朗迪埃，同前，页610。

④ 译注：舒伯特（Franz Schubert, 1797—1828），奥地利作曲家。

实际上，绝对没有什么东西能够阻挡这样的事情发生。没有！除非当事人没有机会。

但是他们并不抱怨！证据如下："拂晓将尽，在我父亲、我母亲的身后远处，是那千疮百孔的茅屋，就像一宗饱受水泡折磨的罪；而那磨损变薄的屋顶，用一块块的汽油罐修补，在那散发着稻草臭味的肮脏灰泥中，形成一团团的红锈水洼；当风呼啸而过，这堆杂乱的东西便发出怪异的声响，首先像是油炸的噼啪声，接着就像烧焦的木柴被插入水中，伴随着根根稻草飘飞如同冒起的白烟。还有那张板床，我所有板床族人日日苏醒其上，它的床脚由煤油桶叠成，就好像那床得了象皮病，还有铺在床上的山羊皮、那些干香蕉叶、那些破衣服，一种对我祖母的床和床垫的怀念（在床的上方，那盛满灯油的罐中，火焰摇曳如同舞动的大萝卜……罐上用金字印着：谢谢）。"[1] 不幸的是，"这种态度、这种行为、这个被耻辱和灾难所束缚的踉跄生命，它要愤怒、反抗、抗议、叫喊；众人问上帝：

——对这件事你能做什么？

——开始！

——开始什么？

——开始这世上唯一值得开始的事，那就是世界的终结，当然。"[2]

玛诺尼忘记的是，马尔加什人已不存在；他忘记了马尔加什人是和欧洲人并存的。到达马达加斯加岛的白人搅乱了原有的视野和心理机制。所有人都说过这件事，对黑人而言，相异性指的不是黑人，而是白人。一个岛屿，像马达加斯加，突然遭到"文明的先锋"侵入，即使这些先锋竭尽所能想要有良好的表现，仍会造成破坏。而且，玛诺尼先生还说："在殖民初

---

[1][2]　埃梅·塞泽尔，《还乡笔记》，页56。

期，每个部落都希望有自己的白人。"① 不管众人是用巫术-图腾机制、与可怕神祇接触的需要，或是依赖系统的观念来解释这个现象，新事物仍然在岛上发生，即使会得出虚假、荒谬、陈旧的分析，大家仍然必须考虑这些事物。既然一项新事物出现，就必须试着了解新的关系。

登上马达加斯加岛的白人造成一道绝对的伤痕。欧洲人入侵马达加斯加岛所造成的后果并不只是心理上的，因为在意识和社会脉络之间有各种内在关系，这已经是老生常谈了。

经济后果？应该做的是对殖民提出控诉。

让我们继续我们的研究。

"用抽象的词语来说，马尔加什人能够忍受自己不是白人。然而残酷的是，他们首先（透过身份认同）发现自己是人，接着这个一体性断裂成白人和黑人。如果'被遗弃'或'被背叛'的马尔加什人维持自身的认同，这种认同会变成是有所要求的；他会要求之前丝毫未曾感到需要的平等。这些平等在他还没有要求之前，对他可能是有好处的，接下来它们却成了不足以治疗病痛的药方：因为在可能达成平等的情况下，所有的进步都会让差异变得更加难以忍受，就好像这些差异突然间变得无法消弭，令人痛苦难挨。马尔加什人正是用这种方式从依赖过渡到自卑。"②

在这里，我们发现同样的误解。显而易见，马尔加什人完全能够忍受自己不是白人。一个马尔加什人就是马尔加什人；或者应该说不是，一个马尔加什人并不是马尔加什人，但他的"马尔加什性"（malgacherie）是绝对存在的。如果他是马尔加什人，那是因为白人来了；如果在历史的某一刻，他被引领去问自己究竟是不是人，那是因为他作为人的这项事实被人们所否

---

① 奥克塔夫·玛诺尼，《殖民心理学》，页81。
② 同前，页85。

定。换句话说，随着白人将歧视强加于我，把我变成被殖民者，夺走我所有的价值、所有的独特性，说我让这个世界瘫痪，说我必须尽快让自己位于白人脚下，"说我是野兽，我的民族和我就像是能够生产出香甜甘蔗和柔软棉花的流动的丑陋肥料，说我对这个世界毫无作用"，① 那我就会因为自己不是白人而开始感到痛苦。很简单，我会试着把自己变成白人，也就是说，强迫白人承认我的人性。但是，玛诺尼先生会告诉我们，您不行，因为您心里有一种依赖情结。

"并非所有的民族都适合被殖民，只有那些有需要者才适合。"在稍后的段落中，玛诺尼写道："我们可以说，几乎所有欧洲人建立殖民地之处，在当前'受到质疑'的殖民地类型中，欧洲人是被等待的，甚至在他们主体的无意识中是被欲求的。到处都有传说向人们预示，会有来自海上的外国人带着财货前来。"② 如众人所见，白人依循着一种权威情结、领袖情结，而马尔加什人依循的是依赖情结。大家都心满意足。

要了解为什么欧洲人、外国人被称为瓦札哈（Vazaha），亦即"令人尊敬的外国人"？为什么遭遇海难的欧洲人会受到当地人张臂欢迎？为什么欧洲人、外国人从来没有被当成敌人？面对这些问题时，众人不从人道、好客、礼貌等等被塞泽尔称为"有礼貌的老文明"的基本特点来谈，却告诉我们纯粹是因为某种东西被铭刻在"命中注定的难解符码"——特别是无意识，让白人成为被等待的主人。无意识，没错，我们已经来到此处，但不应该就此做出推论。有个黑人告诉我这个梦："我走了很久，很累，我觉得有某种东西等着我，我越过障碍和墙壁，来到一个空房间，听见一扇门后有嘈杂的声音，我犹豫着要不要

---

① 埃梅·塞泽尔，《还乡笔记》。
② 奥克塔夫·玛诺尼，《殖民心理学》，页87—88。

进去，最后我下定决心，进去了，在第二间白人的房间里，我看到自己也是白人。"我试着了解、分析这个梦，知道这位朋友的工作晋升遭遇到困难，我下结论说，这个梦表现了一种无意识的欲望。但在精神分析实验室外，当我想把结论整合到世界脉络中时，我会说：

一、我的病人受自卑情结之苦。他的精神结构面临解体的危险。要预防这件事发生，慢慢地将他从这种无意识欲望中解放出来。

二、如果他被成为白人的欲望所淹没，那是因为他生活在一个让他会产生自卑情结的社会，一个肯定某个种族的优越性的社会。正是因为这个社会给他制造困难，他才会处于精神官能症情境。

由此显示，同时针对个人和群体采取行动的必要性。作为精神分析师，我应该帮助我的患者意识到（conscienciser）他的无意识，不再尝试那引起幻觉的乳白化企图，同时帮助他采取行动改变既有的社会结构。

换句话说，黑人不应该站在自我漂白或消失这个两难困境之前，而是应该意识到存在的可能性；再换句话说，如果社会因他的肤色而拒绝他，如果我察觉到他在梦中表达了改变肤色的无意识愿望，我的目标不会是建议他"保持距离"，打消此念；相反，我的目标是：一旦阐明因由，让他在面对真正的冲突根源，也就是社会结构时，具有选择行动（或被动）的能力。

玛诺尼先生挂念着要从各个角度来思考问题，没有漏掉探问马尔加什人的无意识。

为此他分析了七个梦，七段向我们透露无意识的叙述，我们发现其中有六段显示出恐惧的特征。有几位儿童和一位成人诉说了他们的梦，我们看见他们在颤抖、逃避、不适。

厨师的梦：

我被一头**黑色的**①公牛追赶。好恐怖，我爬上一棵树，一直待到危险过去。我爬下来时全身颤抖。……

十三岁男孩拉贺维的梦：

我在森林里散步，遇见两个**黑人**②。我告诉自己：啊！完了！我想逃走，但是没办法。他们包围我并用自己的方式喃喃自语。我相信他们是在说："你会知道什么是死亡。"我因为恐惧而发抖，我告诉他们："先生们，饶了我吧，我好害怕！"其中有一个人懂法语，尽管如此，他对我说："到我们首领那里去。"在往前走时，他们让我走在前面，让我看到他们的步枪。我更加恐惧。到达他们的营区之前，必须穿越一条水流。我潜到水底。幸亏我冷静，找到一个石穴，把自己藏在里面。当那两个人离开，我才逃跑，重新找到我父母的家……

乔瑟特的梦：

主人公（一位年轻女孩）迷了路，坐在倒卧的树干上。一位穿着白袍的女人告诉她，附近都是强盗。叙述如此继续："我是小学生，我颤抖地回答，我从学校要回家，在这里迷了路。"她告诉我："顺着这条路，您就会到达您的家"……

十三岁到十四岁的男孩拉札菲的梦：

他被（塞内加尔的）土著兵所追赶，这些追逐猎物的土著兵"发出马在奔跑的嘈杂声音"，"他们将步枪亮在身

---

① ② 强调处为笔者所加。

前"。主人公隐身逃脱，爬上楼梯，找到他房子的门……

十三岁到十四岁的女孩爱芬纳的梦：

我梦见自己被一头强而有力的黑**①**牛追赶。那头牛很强壮，头几乎满布白色的斑点（原文如此），顶着两根又长又尖的角。我对自己说：啊！真不幸！道路越来越窄，我该怎么办？我靠向一棵芒果树。天啊！我竟然被荆棘绊倒。它用角顶我，我的肠子流了出来，它就把肠子吃了……

拉札的梦：

在梦里，主人公在学校里听说塞内加尔人来了。"我走出校园观看。"真的是塞内加尔人来了。他顺着回家的路逃跑。"但是我们的房子也被他们拆毁了……"

十四岁男孩西的梦：

我在花园里散步，感觉有什么东西在我身后形成一片阴影。树叶在我身旁撞击、掉落，就好像有一个强盗想抓住我。我走在各条小径上，阴影继续跟着我。恐惧攫住了我，我开始逃跑，但是阴影大步移动，用他的巨手，〔连同〕（经由）我的衣服，抓住我。我感到衬衫被撕裂，我叫喊出来。听到这声喊叫，我的父亲从床上跳起来，看着我，但是庞大的阴影消失了，我不再感觉到自己深深的恐惧。**②**

大约十年前，我们很惊讶地发现北非人厌恶有色人种。那时我们要和当地人接触是不可能的。一直到我们离开非洲、前

---

① 强调处为笔者所加。
② 玛诺尼（梦境，页 55—59）。

往法国，都没能了解这种仇恨的理由。然而有几件事引导了我们进行反省。法国人不喜欢犹太人，犹太人不喜欢阿拉伯人，阿拉伯人不喜欢黑人……众人对阿拉伯人说："如果你们贫穷，那是因为犹太人欺骗你们，拿走你们所有的东西。"众人对犹太人说："你们和阿拉伯人并不相同，因为你们实际上是白人，而且你们有柏格森和爱因斯坦。"众人对黑人说："你们是法兰西帝国最好的士兵，阿拉伯人自认比你们优越，但是他们错了。"再说这并不是真的，众人对黑人什么也没说，众人没有什么要对黑人说，塞内加尔土著兵就是土著兵，队长的好土著兵，只认得命令的老实人。

"你，别过。"[①]

"为什么？"

"我，不知；你，别过。"

白人无法面对所有的诉求，便自我推卸责任。我把这个过程称为：罪疚感的种族分配。

我们曾说过一些让我们感到吃惊的事。就像每次发生反抗运动，军事当局就把有色人种士兵安排在第一线。这些"有色民族"使其他"有色民族"的解放企图化为乌有，证明解放过程的普遍化并没有发生：如果说阿拉伯人这些懒惰虫的脑袋里有反抗的念头，那也不是出于光明正大的原则，而只是为了发泄他们"蔽窠"[②]的无意识。

在第二十五届天主教学生大会上，有位有色人种学生在辩论马达加斯加问题时，以非洲观点说："我要对派遣塞内加尔土

① 译注：此处原文为"Toi pas passer"，为"蹩脚法语"（小黑人法语），正确法文应为"Tu ne peux pas passer"。对应于此，我们选取不符合中文语法但是能够表意的"你，别过"来取代"不准过去"，以下"我，不知"亦是如此。

② 译注：bicot，小山羊的俗称，用来指称北非阿拉伯人，为一贬义词。

著兵这件事，以及对这些土著兵在那里所做的违法乱纪行为提出抗议。"此外，我们还知道在塔那那利佛①警察局搞虐待的也包括塞内加尔人。知道了这些事，知道了马尔加什人眼中的塞内加尔原型可以是什么样子，弗洛伊德的发现对我们就没有任何效用。重要的是将这个梦重新放回它的时代、它的地点：那个时代，有八万名土著——也就是五十分之一的居民被杀；那是一个有四百万居民的岛屿，里头没有任何真正的关系可以建立起来，争执四处爆发，谎言和煽动是唯一的主宰②。必须说，

① 译注：塔那那利佛（Tananarive），又名安塔那那利佛（Antananarivo），为今日马达加斯加共和国的首都。
② 我们抄录了在塔那那利佛诉讼案所做的证词。

在 8 月 9 日的听证会上，拉科托瓦欧（Rakotovao）陈述："巴隆先生对我说：'既然你不愿意接受我刚才说的话，我要把你送到禁闭室（……）'我走到等候室。期间有问题的禁闭室灌满了水，还有一个盛满脏水的桶，其他的事就更不用说了。巴隆先生对我说：'这就是我用来让你招认我刚才要你招认之事的手段。'一个塞内加尔人受命于巴隆先生，要让我'经历和其他人一样的事'。他让我跪下，两手分开，接着拿了一把木钳子夹我的双手，然后，在我跪下和双手被夹的状况下，他脚踩在我的脖子上，把我的头压到桶子里。当他看见我快要昏过去，就把脚抬起来让我透气。就这样重复了几次，直到我筋疲力竭。他又说：'把他拖下去打。'那个塞内加尔人就拿了条牛筋，但巴隆先生自己走进刑房，加入鞭打。我相信鞭打持续了有十五分钟。最后我表示无法再承受了，即使我还年轻，仍然无法忍受。于是他说：'你必须承认我刚刚告诉你的事！'

'不，主任先生，这不是真的。'

那时候，他把我带到刑房，因为一个人不够，便又叫来另外一个塞内加尔人，他下令把我倒吊起来，将我的身体浸到桶子里，直到胸部，这样重复了好几次。最后我说：'太过分了！让我和巴隆先生说话。'我告诉他：'主任先生，我要求至少要有和法国相称的待遇。'他回答我说：'这就是法国的待遇！'

由于无法再承受，我告诉他：'我接受您所说的第一部分。'巴隆先生回答我说：'不行，我要的不是第一部分，而是全部。难道我说谎吗？不管是不是说谎，我告诉你的事，你都得接受……'"

证词陈述继续：

"巴隆先生马上说：'让他尝尝另外一种折磨。'他们带我到等候室，那里有道水泥小阶梯。我的双手被反绑在背后，那两个塞内加尔人抓住我的双脚，拖着我爬过那座小阶梯。事情开始变得难以忍受，即使我还算有力气，仍然吃不消。我对塞内加尔人说：'告诉你们的头头，说我接受他要我招认的事。'"（转下页）

91

在某些时刻，社会（socius）要比人重要。我想着纳维尔 ① 所写："像谈论个人之梦一样地谈论社会之梦，像谈论个人的性本能一样地谈论集体力量的意志，这是再一次翻转了事物的自然秩序，因为，相反地，是阶级斗争的经济和社会条件解释并决定个人从事性活动的真实条件，一个人梦境的内容，最终取决于他生活其中的文明的整体状态。" ②

狂怒的黑色公牛，那并不是阳具。两个黑人，那并不是两个父亲：一个代表真正的父亲，另一个代表祖先。如果以玛诺尼先生在前一个段落"死者崇拜和家庭"的结论为基础进行深入分析，应该会得出这样的诠释。

塞内加尔土著兵的步枪并不是阴茎，而是真正的勒贝尔1916式步枪。黑牛和强盗，那并不是奶子——"富有营养的灵魂"，而确实是在睡眠中闯入的真实幻影。这种刻板症

（接上页）8月11日的审讯。被告罗贝尔说：

"宪兵抓住我外套的衣领，从后面踢了我好几下，还搓了我的脸好几下。接着他押我跪下，巴隆先生又开始打我。

"不知道怎么一回事，他走到我身后，我觉得有火把在我的脖子上烧。我试着用手保护自己，双手也被烧伤……

"第三次倒在地上时，我失去知觉，无法想起发生了什么事。巴隆先生要我在一张准备好的纸上签字；我摇手说：'不！'于是主任叫来塞内加尔人，架着我到另一间刑房。那塞内加尔人说：'你必须接受，不然你就会死。''算他倒霉，动手吧！'主任说。他们将我的双手绑在背后，押着我跪下，把我的头浸到装满水的桶子里。当我快要窒息的时候，就把我拉起来。就这样重复了好几次，直到我完全筋疲力竭……"

让我们提醒，好让每个人都知道，证人拉科托瓦欧后来被判死刑。

当我们读了这些事情，我们觉得玛诺尼先生似乎忽略了他所分析现象的一个面向：黑色的公牛，黑人，不折不扣就是保安局的塞内加尔人。

① 译注：纳维尔（Pierre Naville, 1904—1993），法国知识分子，早年相继参与超现实主义运动、共产党、托洛茨基派，二战后进入法国国家科学研究中心，从事劳动社会学研究。

② 皮埃尔·纳维尔，《心理学、马克思主义、唯物主义》，页151（Pierre Naville, *Psychologie*, *Marxisme*, *Matérialisme*, 2ᵉᵐᵉ édition, Paris, Marcel Rivière et Cie, 1948, p.151）。

(stèrèotypie）①代表什么，这些梦的中心主题是什么，难道不是在说要重回正确的道路？有时是黑土著兵，有时是头上有白色斑点的黑公牛，有时就是个非常和善的白人。在这些梦中，我们可以发现什么，难道不是这个核心想法："在森林中散步，偏离了惯常路径；我们在那里遇见那头哒哒地带你回家的公牛。"②

马尔加什人，保持安静，待在你们的位子上。

在描述了马尔加什心理学后，玛诺尼先生打算解释殖民主义存在的理据（la raison d'être du colonialisme）。他在既有的情结清单中，加上一个新的项目："普罗斯佩罗情结"（complexe de Prospéro）——被定义为各种无意识的精神官能症倾向之整体，同时描绘了"殖民父权主义（paternalisme colonial）的形貌"，以及"女儿受到低等人类强暴（想象的）威胁的种族主义者的图像"。③

众所周知，普罗斯佩罗是莎士比亚剧作《暴风雨》的主要人物，此外还有他的女儿米兰达（Miranda）及凯列班（Caliban）。面对凯列班，普罗斯佩罗采取一种美国南部人相当熟悉的态度。他不是告诉我们黑人总是伺机要扑向白种女人吗？无论如何，在玛诺尼这本著作里，这个部分有趣之处在于，让我们了解尚未被妥善解决的冲突所具有的强度，这种冲突似乎就是殖民事业的基础。实际上，他告诉我们："殖民者缺乏的、失去的，就跟普罗斯佩罗一样，是**他者**的世界，那个他者能受到尊重的世界。由于无法如人所是来接纳人，殖民者离开了这个世界。这种逃离，与一种源于幼儿时期的支配需要相连，社会适应过程并没能使它受到规训。不论殖民者是因为'一心

---

① 译注：持续而重复地维持同样的姿势、做同样的动作或说同样的话。
② 奥克塔夫·玛诺尼，《殖民心理学》，页 71。
③ 同前，页 108。

93

只想旅行'，还是为了逃离'摇篮的恐惧'或是'古老的护盾'，或是更粗略地说，他想要一个'更宽广的生命'……问题总是在和对无人世界的欲念妥协。"①

　　如果有人补充说，许多欧洲人前往殖民地，是因为那里有短期致富的可能，除了极少数例外，殖民者是商人，甚至是掮客；那么，他就掌握了引发原住民"自卑感"的心理状态。至于马尔加什人的"依赖情结"，同样源于白人殖民者来到岛上，至少在我们能够理解并且分析的唯一形式下是如此。玛诺尼先生想从它的另外一种形式，从可能显示出马尔加什人先前心智特征的原初情结中，得出任何结论来说明当地人目前的境遇、问题或可能性，在我们看来是站不住脚的。

---

① 　奥克塔夫·玛诺尼，《殖民心理学》，页 106。

第五章　黑人的实际经验

"脏黑鬼！"或者只是简单一句："瞧，一个黑鬼！"

我来到世上，一心想从事物中提取意义，我的心灵满溢着想要处于世界源头的愿望，却发现自己是个在其他客体之间的客体。

被禁锢在这种具压倒性的客观之中，我向他者恳求。他那解放者的目光，游移在我那突然变得毫不粗糙的身体上，让我重拾一种我以为已经失去的轻盈；将我带离这个世界，也就把我还给了世界。但在那边，在斜坡的另一面，我跌了一跤，他人用手势、态度、目光固定①我，就好像人们用染料固定标本切片。我发怒，要求解释……但什么也没有发生。我爆炸四碎。这是另一个自我所汇集起来的碎块。

只要黑人还处于自己的群体中，除非是在小内讧的场合，否则他不会体验到自己那他为的存在。②的确有黑格尔所说的"为他存在"（l'être pour l'autre）的时刻，但是在一个被殖民、被教化的社会里，所有的本体论都无法实现。这点似乎并未充分

---

① 译注：法农于此处转用固定（fixer）这个词在生物实验上的意义。固定原意是用化学药剂将细胞中的细胞质定形，使其不再流动。对黑人而言，白人所施加的固定不只是以刻板面貌来呈现黑人，更重要的是让黑人不自觉地去适应白人所建构的刻板形象。
② 译注：他为的存在（l'être pour autrui），也就是在他者目光下的存在。

地吸引之前讨论过这个问题的作者之关注。在被殖民民族的世界观（Weltanschauung）中，有种杂质和瑕疵阻碍了所有本体论式的解释。或许有人会反驳我们说，所有的个体都是如此，但这就掩盖了一个根本问题。一旦我们承认本体论并不讨论存在状态，就会了解本体论并无法让我们了解黑人的存在。因为黑人并不只存在为黑，而且是面对白人的存在。某些人心里记挂着要提醒我们这种情况有双向性，我们要回答说那是错的。在白人眼里，黑人并没有本体论的强韧度。黑人很快就有了两套他们必须用以自处的参照系。他们的形而上学，或是用比较不那么自负的用语来说，他们所援引的习俗和这些习俗的正当基础，全都遭到废弃，因为这些事物和他们所不知道却强加在他们身上的文明有所冲突。

在二十世纪，处于自己群体中的黑人，并未经历过由他者形成自卑感的时刻……当然，有时候我们会和朋友们讨论黑人问题，有几次甚至是和美国的黑人讨论。我们会一起申明并肯定，在世界之前，人人平等。即使在贝客、混血和黑种等各种安的列斯人之间同样会有一些小裂隙，但我们想要做的也只是对这些分歧进行一种智性理解。其实这一点也不严重。接下来……

接下来我们有幸遭遇白人的目光。不寻常的沉重压迫着我们。真正的世界向我们抢夺属于我们的那一份。在白人世界里，有色人种在制作身体图式（schèma corporel）上遭遇到困难，对身体的认识只会是否定的活动。那是一种第三人称的认识。身体周围笼罩着一种确切的不确定气氛。我知道如果我要抽烟，就必须伸出右臂，拿起桌子另一头的那包香烟。火柴在左边的抽屉，我的身体必须稍微退后。我在做这些动作时，并非习惯，而是透过一种隐而不显的认识。我的自我在时空中缓慢建构为身体，这似乎就是图式。它并不强加于我，而是自我和世界一种具决定性的结构化——它是决定性的，因为它在我的身体和世界之间建立起实在的辩证。

近年来，有些实验室计划研发一种将黑皮肤漂白的血清；世上最正经的实验室，冲洗他们的试管，校正他们的磅秤，着手进行研究，好让不幸的黑人得以自我漂白，如此一来，黑人就不用再承受身体诅咒的重量。我在身体图式之下描绘了历史-种族的图式（un schéma historico-racial）。我所使用的要素，并不是由"剩余的感觉和知觉，特别是触觉的、前庭的（vestibulaire）、动觉的（cinesthésique）、视觉的感觉和知觉"①所提供，而是来自他人，来自白人对我编织的千条琐事、轶闻、叙述。②我以为自己要建构的是一个生理学上的我，据以平衡空间、确定感觉，但众人对我要求更多。

"瞧，一个黑人！"这是个外来的刺激，在经过我身旁时轻轻弹了我一下。我略略一笑。

"瞧，一个黑人！"他说的没错，我自我消遣。

"瞧，一个黑人！"圈子逐渐缩紧，我仍坦率地自我消遣。

"妈妈，看那个黑人，我害怕！"害怕！害怕！人们开始对我感到畏惧。我想自我消遣直到自我窒息，但已经变得不可能。

我再也无法忍受，因为我已经知道有各种传奇、故事、历史，特别是雅斯贝尔斯教给我的历史性。③身体图式受到多

---

① 让·雷尔米特，《我们身体的意象》，页 17（Jean Lhermitte, *L'Image de notre corps*, Paris, Ed. de la Nouvelle Revue critique, 1939, p.17）。

② 译注：让·雷尔米特（Jean Lhermitte, 1877—1959），法国神经精神病学家，他在《我们身体的意象》一书中指出，我们与外在世界互动时，是以对自己身体的观念和图式为基础。这个身体意象由许多的神经结构支撑，这些神经结构会受到各种致病因素的影响而产生变化。

相对于这种生理构造式的说明，法农指出黑人的生活经历在形成身体意象的过程中所产生的影响。

③ 译注：雅斯贝尔斯的历史性，也就是人的存在的有限性。雅斯贝尔斯认为，人总是处在某种处境中，其中人的生存所无法回避和改变的各种（转下页）

处攻击，崩塌了，取而代之的是种族皮肤图式（le schéma épidermique racial）。在这列火车上，认识我身体的方式不再是将它看成第三者，而是三重人。在这列火车上，人们不只留给我一个位置，而是两个、三个位置。我已经不再自我消遣。我感受不到这个世界丝毫的热度坐标。我以三重的方式存在，占据着许多位子。我走向他者……而那时隐时现、抱着敌意却非不透明、透明、不在场的他者，消失不见。恶心……

我要对我的身体负责，同时也要对我的种族、我的祖先负责。我在自己身上逡巡着客观的目光，发现我的黑、我的族群特性，穿破鼓膜而来的是——吃人肉、心智发育不良、偶像崇拜、种族缺陷、黑奴贩子，特别是，特别是："巴娜尼亚好棒！"

那一天，我失去方向，无法在外头和他者——那毫不留情地将我囚禁的白人共处。我走向我的存在的远端，相当远的远端，将自己建构成客体。这个我为（pour moi）是什么？难道不是一种剥离、一种拔除、一种将黑色血液凝结在我整个身体上的出血？然而，我并不想要这种注意、这种主题化（thématisation）。我要的就只是做一个在众人当中的人。我本来也希望自己能光滑而年轻地来到一个属于我们的、和大家共同缔造的世界。

但是我要拒绝所有情感的僵直痉挛。我要做的是人，就只是人。有些人想把我和我那些被奴役、被迫害的祖先相连，我决意承受。透过知性的普同面，我了解这种内在的亲缘——我

（接上页）"临界处境"（死亡、苦难、失败等），最能显现出人的存在的历史性。要解决这种有限性，唯有在历史中进行超越。

个人必须透过与他人的交往沟通来实现自我对生存的寻求，这是人所无法回避的处境。法农笔下黑人的痛苦正在于此，他必须与白人互动以实现自我的存在，但由此所实现的存在又是一种异化的存在。这样的困局，同样必须在历史中超越。

是奴隶的子孙，正如同勒布伦①总统是任人奴役剥削的农夫的后代。于是，内心的警戒状态很快就消失了。

在美国，黑人被隔离。在南美洲，众人在街头搜索，用机枪打死黑人罢工者。在西非洲，黑人是野兽。就在我近处，就在我身旁，一位出身阿尔及利亚的同学告诉我："只要大家还把阿拉伯人当成和我们同样的人，任何解决办法都行不通。"②

"亲爱的朋友，你看，我并没有肤色偏见……但是，怎么了，进来，先生，在我们这里，肤色偏见并不存在……黑人和我们一样……并不因为他的肤色是黑的，就比我们笨……我在部队服役时有一个塞内加尔的同伴，他相当精明……"

我要在何地自处？或者，如果您喜欢另一种说法的话：我该躲在何处？

"马提尼克人，出身自'我们的'老殖民地。"

我该藏身何处？

"看那个黑人！……妈妈，一个黑人！……嘘！他会生气的……先生别介意，他不知道您和我们一样文明……"

我的身体复返于我，摊倒躺平，零落四散，筋疲力竭，在这冬季的白色日光中笼罩着全然的阴郁。黑人是野兽，黑人坏，黑人凶，黑人丑；瞧，一个黑人，他会冷，那个黑人在发抖，那个黑人发抖是因为他会冷，小男孩发抖是因为他怕那个黑人，黑人因为这种刺骨的阴冷而发抖，俊美的小男生之所以发抖，

---

① 译注：勒布伦（Albert Lebrun，1871—1950），法国政治人物，1932年被选为第三共和国的总统，1940年因维希政府组成而引退，1944年到1945年间被德军关入集中营。

② 译注：法农这里所说的同学，应该是指从法国到阿尔及利亚的移殖民后代，换句话说，并非阿尔及利亚的阿拉伯人，而是出生在阿尔及利亚的白人。这些移殖民后代来到法国本土后，和同样来自阿尔及利亚的阿拉伯人被归为同类，共同承受法国本土白人的歧视眼光。在这段话中，显示出两重对比关系：白人优于阿拉伯人，母国出身的白人又优于殖民地出身的白人。

是因为他认为那黑人是由于愤怒而发抖，白人小男孩投入母亲的怀里说：妈妈，那个黑人要吃我。

周围都是白人。天空在我顶上撕扯着肚脐①，大地在我脚下嘎吱地唱着白色之歌，白人之歌。这整个白色将我烧成石灰……

我坐在火堆旁的角落，发现了自己的外貌。之前我未曾见过。它确实是丑。我停止不前，谁来告诉我什么是美？

此后我能藏身何处？我感觉到自己的存在四散，它的无数碎片升起汇聚成轻易可辨之流。我发怒。长久以来，火已熄灭，而今黑人再次颤抖。

"看，他很俊美，这个黑人……"

"俊美的黑人会让你感到厌恶，女士！"

羞愧装点着她的脸庞。我终于从反复思索中解脱出来。同时，我达成了两件事：指认出我的敌人，并且造成了一桩耻辱。如愿以偿，大家就快要可以玩乐了。

战场划出，我走入竞技场中。

什么？我采取遗忘和宽恕的态度，心里只想着爱，人们却将我发送的信息扫回我的脸上，如同扫了一个耳光。白人的世界，那唯一正直的世界，拒绝了我所有的参与。对一个人，大家会要求人应该有的行为；对我，却是黑人的行为——或者至少是黑鬼的行为。我呼唤世界，世界却截断我的热情。人们要求我自我节制、自我窄缩。

他们等着看吧！我已经提醒过他们了。奴隶的事？他们已经不再提了，那是一段不好的记忆。我所说的低贱？那只不过是编造来逗人发笑的故事。我可以忘记所有事情，但必须世界

---

① 译注：在希腊神话中，德尔菲被看成世界的肚脐，连通着天与地。透过"肚脐"的概念，古希腊人将群体所在位置，从空间上的地理圆心建构为宇宙象征秩序的中心，环绕着这个中心，在地上是白人，在天上是白神。

不再对我保持戒心。我应该试试我的门牙，我感觉它们坚固强壮。接着……

什么？我有各种理由应该怨恨和厌恶，众人却排拒我？本来我应该要被祈请恳求，然而众人拒绝给我任何的承认？我决定了，既然不能从先天的情结（complexe inné）出发，既然我无法作为黑人来肯定自己，既然其他人对于承认我有所犹豫，那么只剩下一种解决办法：让我被大家所认识。

萨特在《对犹太问题的思考》中写道："他们（犹太人）让自己被某种别人对他们的描绘所毒害，害怕自己的行为无法与这种表象相符，我们是否可以这么说，他们的行为永远是从内部被多元决定的（sur-détermiées）。"（页123）

然而，犹太人可以处于犹太性中不为人所知。他并不完全是他所是。众人期望，众人等待。他的行为举止才是最后的判准。由于是白人，因此除了某些颇有争议的特征之外，他是可以不引起注意的。他属于一个从来不知道什么是吃人肉的种族。吃掉自己的父亲，① 这是什么样的观念啊！干得好，只要不当黑人就行。当然，犹太人也受到刁难，我在说什么，他们被追捕，被处决，被送进焚化炉，但正是这些事情上有着许多家庭小故事。犹太人从被发现的那一刻起才被讨厌。但到我身上时，所有的事就有了新的面貌。没有任何机会向我开放，我被从外部多元决定。我不是他人对我的"观念"的奴隶，而是我的显现的奴隶。

---

① 译注：弗洛伊德在《图腾与禁忌》一书中认为，在原始部落中，拥有统治权的父亲将所有妇女据为己有。儿子们企图分享妇女而被驱逐，便联合起来杀死父亲并将其吞噬，将父亲力量的一部分据为己有，并在吞噬行动中产生对父亲的认同。而后在《性学三论》中，食人行为被当成口腔期的特征。

固然弗洛伊德在做这些解释时并非针对黑人，但法农在此处转用这个典故，意指黑人在白人眼中就像原始人。

我缓慢地来到这个世界，习惯于不再寻求变动。我匍匐前行。白人的目光，那唯一真实的目光，已将我剖析。我被固定。他们在调整了切片机之后，客观地对我的实在进行切片。我被背叛了。在这些白人的目光中，我感觉到，我看到进来的并不是一个新人，而是一个新类型的人，一个新的品种。什么，是个黑鬼！

我在各个角落钻行，以长长的触角探触散布在物体表面的公理——黑人的衣物会有黑人的味道、黑人的牙齿白、黑人的脚很大、黑人大胸脯——我在各个角落钻行，我保持静默，我渴望匿名，渴望遗忘。啊，我什么都接受，只要大家不再注意到我！

"嘿，来这里，我向你介绍我的黑人同学……埃梅·塞泽尔，黑人，大学学衔……玛丽安·安德森，① 最伟大的黑人女歌手……白血的发明者柯布（Cobb）博士是个黑人……喂，向我的马提尼克朋友说声早安（小心，他非常敏感）……"

耻辱。耻辱和对我自己感到轻蔑。恶心。当一个人爱我时，他会告诉我虽然我的肤色如此。当一个人讨厌我时，他会加上一句"并不是因为我的肤色"……不管在何处，我是可怕怪圈的囚徒。

我转身不理这些前洪水时期的探究者，我紧紧抓住我的兄弟，那些和我一样的黑人。令人惊惧，他们竟然排拒了我。他们几乎是白的，接着还会娶白种女人，生下淡棕色的小孩……谁知道，渐渐地，或许……

① 译注：玛丽安·安德森（Marian Anderson, 1897—1993），非裔美籍歌唱家。生于美国费城，童年参加唱诗班，1917 年申请加入当地音乐学校，却因为身为黑人而被拒。1929 年前往欧洲研习声乐，展开演唱生涯，成为知名的歌唱家，1935 年回到美国。1939 年，玛丽安·安德森原本受邀于华盛顿宪政大厅演唱，却因肤色遭到种族歧视人士的反对，她转而在复活节于林肯纪念堂举办演唱，这场演唱会发展成反种族歧视集会，听众高达 7.5 万人。

我曾经梦想。

"先生，您知道吗？我是里昂市和黑人最友好的人之一。"

我的黑色显而易见，无法改变；我的黑色浓厚而无可讨论。它折磨着我，追捕着我，让我忧心，让我发怒。

黑人是野蛮人、蠢蛋、文盲。但我，我知道，就我的例子而言，这些说法都是错的。有一种对黑人的迷思，必须不惜一切代价摧毁。我们已经不再处于会对一位黑人神甫感到赞叹惊奇的时代了。我们有医生、教授、政治家……没错，但是在这些案例中，古怪的事情持续存在。"我们有一位塞内加尔来的历史教授，他很有智慧……我们的医师是个黑人，他非常和蔼。"

不是黑人教授，就是黑人医师；我开始变得虚弱起来，稍有一点惊吓，就会让我颤抖。我知道，要是这位医师犯了一个错误，那他和所有的后继者就完了。因为，对一位黑人医师有什么好期待的呢？只要诸事仍然顺遂，众人就把他捧上天，但他必须不惜任何代价确保自己的行为合宜，不能做出蠢事来！黑人医师不会知道自己所处的位置多么容易就会信誉扫地。让我告诉您这件事，我曾经被囚禁过：不论是我的文明举止、文学知识，还是对量子论的理解，都不曾为我带来恩典。

我抗议，我要求解释。他们轻柔地，就像对小孩讲话一样，向我表示的确有某些人抱持着某些看法，但，他们加上一句，"这样的事应该尽早消失。"这件事是什么？就是肤色的偏见。

"肤色偏见不是别的，就是一个种族对另一个种族不理智的恨意，强大富有的民族对于那些被他们认为低于自己的民族之蔑视，接着是那些被迫处于从属位置者的苦涩怨恨，以及在从属位置上经常受到的侮辱。由于肤色是一个种族最容易被看见的外在记号，因此变成众人用以判断他人的指标，而不考虑他人的教育和社会成就如何。肤色明亮的种族轻视肤色深暗的种族，现在肤色深暗的种族拒绝让众人将劣势条件继续强加在自己身上。"①

我读得很仔细。这是恨意；对我憎恨、厌恶、鄙视的，并不是对面的邻人或我的表兄弟，而是整个种族。我承受着不理智的事。心理分析师说，对年幼的儿童而言，没有什么比和理性接触更容易造成创痛。我个人要说，对一个只有理性这项武器的人而言，没有什么会比和非理性接触更神经病。

我感觉到自己体内产生片片刀锋。我决定自我防卫。作为一个好的战术家，我要将世界理性化，向白人显示他们置身错误之中。

萨特说，犹太人有"一种对理性的狂热的帝国主义：因为他不只要说服别人自己是对的一方，他的目标是让对话者相信，理性主义有一种绝对的、无条件的价值。他把自己当成普同的传教士；面对将自己驱逐的天主教的普同性，他要建立理性的'天主教性'，以作为达到真实以及人与人之间精神联系的工具。"②

萨特接着说，虽然有些犹太人把直觉当成他们的哲学的基本范畴，但他们的直觉"丝毫不同于帕斯卡尔的精微精神：这种建立在无数无法察觉的知觉之上，无可争议又变幻不定的精微精神，正是犹太人最厉害的敌人。至于柏格森③，他的哲学有个令人好奇的面向，他那反理智主义的学说全然是由最理性和最具批判性的才智所建立。他用论理的方式建立了一种纯持续（durée pure）的、哲学性直觉的存在；正是这个直觉发现了持续

----

① 阿兰·伯恩爵士，《种族和肤色的偏见》，页 14（Sir Alan Burns, *Le préjugé de race et de couleur*, Paris, Payot, p.14. 英译按：*Colour Prejudice*, London, Allen and Unwin, 1948, p.16）。
② 萨特，《对犹太问题的思考》，页 146—147。
③ 译注：在柏格森的理论中，持续（la durée）与时间（le temps）相对，时间是数学性的，持续则是生命本体通过变化、运动而绵延存续的不间断状态，这种状态必须透过直觉（intuition）才得以被认识。

　　时间可以借由理性来分析，但持续只能靠直觉来掌握。

或生命。由于每个人都能运用这种直觉，因此它是普同的；由于它的目标可以被指明和察觉，因此它建立在普同之上。"[1]

我带着热情清点和探查周围。随着时间过往，我们看见天主教在面对奴隶制和歧视时，先是为其辩解，继而加以谴责。但当我们将所有问题重新引向人性尊严这个观念上时，我们就剖开了偏见。在许多迟疑之后，科学家承认黑人也是人类；从活体内（in vivo）和活体外（in vitro）来看，甚至在形态学、在组织学上，黑人都和白人相似。理性在所有层面上巩固了胜利。我重新加入人群集会。但我失望了。

胜利玩起躲猫猫的游戏，嘲弄着我。就如某人所说，当我在时，它不在；当它在时，我又已不在。在观念的层面上，众人同意：黑人是一种人类。也就是说——接着又加上比较不具说服力的论据——黑人和我们一样，心脏都在左边。但白人在某些问题上仍然执拗。不论如何，他们都不愿意在种族间有亲密关系，因为众人知道，"不同种族的交配会降低身体和心智的等级……根据到目前为止我们对种族交配效果的认识，最好避免距离非常遥远的种族交配。"[2]

至于我，我很清楚要如何反应。如果要自我定义的话，从某个意义来说，我会说我在等待；我询问周围的人，从自己的发现来诠释所有事情，我变得敏感起来。

在他人为我所编纂历史的开头，明显地设立了吃人肉的基座，好让我记得这件事。众人在我的染色体上描绘了几个多少有点肥厚的基因，以作为吃人肉的表征。在性别联系（sex

---

① 萨特，《对犹太问题的思考》，页 149—150。
② 琼·阿尔弗雷德·莫乔恩，《跨种族的和谐与不和谐》，第二届国际优生学大会，《种族和国家的优生学》第二册，页 60，引自阿兰·伯恩爵士，页 120（Jon Alfred Mjoen, "Harmonic and Disharmonic Race-crossings," The Second International Congress of Eugenics（1921）, *Eugenics in Race and State*, vol.II, p.60, quoted in Sir Alan Burns, op. cit., p.120）。

linked）之外，众人又发现了种族联系（racial linked）。这种科学真是耻辱。

但我了解这种"心理机制"，因为这只是心理上的机制，所有人都知道这点。两个世纪前，我沦为永远的奴隶，人性不再属于我。接着，来人宣称这种事已存在太久。我的韧性做了剩下的事；我从文明的洪水中获救。我继续前行……

太迟了。所有的事都已被预见、被发现、被证实、被剥削。我那神经过敏的双手什么也没带回，因为矿脉已经枯竭。太迟了！然而我还是想要了解。

自从某些人抱怨来得太迟，抱怨所有的事都已经被述说，从那时候起，似乎就存在着一种对过去的乡愁。这是否就是奥托·兰克 ① 所说的原初却失落的乐园？这些似乎被固定在世界的子宫的人，有多少人将生命用来理解德尔菲神庙的神谕，或是致力于重寻尤利西斯的旅程？为了证明动物身上也有灵魂的存在，泛灵论者使用如下的论据：有条狗睡在主人的坟墓上，最后饿死在那儿。雅内 ② 则指出，那条被谈论的狗，只不过是因为无法摆脱过去，和人类正好相反。阿尔托 ③ 说，大家谈论着希腊的荣盛，但如果当代的人不再了解埃斯库罗斯的《奠酒人》，④ 那么错的是埃斯库罗斯。反犹主义者正是以传统之名为他们的

---

① 译注：奥托·兰克（Otto Rank, 1884—1939），奥地利心理分析学家，弗洛伊德早期的弟子。他以诞生的焦虑做为其心理分析理论的核心，由此和弗洛伊德以俄狄浦斯情结为核心的学说分道扬镳。

② 译注：雅内（Pierre Janet, 1859—1947），法国神经科医师和心理学家。

③ 译注：阿尔托（Antonin Artaud, 1896—1948），法国作家和戏剧理论家。他长年为精神疾病所苦，其剧场理论与其个人所经受的身心痛苦有密切的关联。

④ 译注：埃斯库罗斯（Eschyle，前525—前456），希腊悲剧诗人和剧作家。《奠酒人》是埃斯库罗斯流传于世的三联剧"俄瑞斯忒亚"中的第二部，故事描述阿伽门农被妻子及堂兄弟谋害后，其子俄瑞斯忒斯流亡在外，长成后回到故地与姐姐厄勒克特拉相认，并与同伴杀死母亲及其情夫为父报仇。在本书第六章中，法农针对由"俄瑞斯忒亚"改编剧本所拍摄的电影《厄勒克特拉的哀悼》剧中人物作了进一步的分析。

"观点"抬高身价。众人正是以传统之名，以长远过去历史之名，以这种和帕斯卡尔及笛卡尔 ① 的血亲之名来告诉犹太人：群体中没有你们的位置。就在最近，在这些高尚正当的法国人之中，有个人在我搭乘的火车上宣称：

"但愿真正的法兰西品德能够延续，种族能够得救！在当前时刻，我们必须建立起全国联盟。不要再进行内斗！面对外国人（这时他转身朝向我的角落），不论那是谁。"

在这里我们必须替他说明，那时他发出劣质红酒的臭味；如果能够的话，他应该会对我说，我那被解放奴隶的血液，没有能力因维庸 ② 或泰纳 ③ 之名而癫狂。

可耻！

犹太人和我：我不满意于将自己种族化，经由命运幸运的一击，我让自己人性化。我连接上犹太人这不幸的兄弟。

可耻！

反犹主义者的态度类似仇视黑人者的态度，这在一开始似乎会让人感到惊讶。有一天，我那出身安的列斯的哲学教授提醒我："当您听见有人在说犹太人的坏话时，要注意听，那些人也在说您。"我觉得他点出了放诸四海而皆准的道理，意思是说，我对我兄弟所承受的命运负有责任，就我的身体和我的心灵都是如此。从此以后，我了解了他要说的就是：一个反犹主义者也一定是个仇视黑人者。

你们来得太迟了，迟太久了。在你们和我们之间，一直会有个白色世界……这种不可能性，让他者无法就此摆脱过去。众人了解，面对白人这种情感麻木，我能够决定发出自己黑色

---

① 译注：笛卡尔（René Descartes，1596—1650），法国哲学家。
② 译注：维庸（François Villon，1431—1463），法国抒情诗人。
③ 译注：泰纳（Hippolyte Taine，1828—1893），法国文学批评家、哲学家和历史学家。

的呐喊。渐渐地，在朝此处和彼处伸出伪足的同时，我分泌出一个种族。而这个种族在一种根本要素的重量下步履蹒跚。那是什么？是旋律！听我们的歌手桑戈尔 ① 在唱：

> 那是最感性、最不物质的事物。那是最典型的生命要素。它是艺术的首要条件和符征，就如同生命的呼吸；那或急或缓的呼吸，随着存在的张力、情感的强度和情感的性质，而变得规律或抽搐。这就是原始地处于纯粹性中的旋律，他就这样存在于黑人艺术的杰作中，特别是在雕刻里。它由某个主题——某种雕刻形式——所构成，这个主题和另一个成对的主题相对反又相接续，就好像呼和吸。不是那种会产生单调的对称；旋律是鲜活的，是自由的……旋律就这样作用在我们身上最不知性的那一面，独断地，让我们渗入客体的精神性之中；而我们这种放任自己沉醉其中的态度本身也是旋律性的。②

我是否读错了？我加倍小心地重读。从白色世界的另一头，有个美妙的黑人文化向我致意。黑人的雕刻！我开始骄傲得脸红。难道这就是救赎吗？

我将世界理性化，而世界以肤色偏见之名拒绝了我。既然

---

① 译注：桑戈尔（Léopold Sédar Senghor, 1906—2001），塞内加尔政治人物和诗人。桑戈尔生于塞内加尔，20 世纪 30 年代初留学法国；1934 年与塞泽尔、达马斯等人创办期刊《黑人大学生》，鼓吹"黑人精神"；1935 年取得文法教师学衔，是第一位非洲籍法文文法教师；二战后曾担任法国第四共和制宪会议议员；1960 年成为塞内加尔共和国第一任总统，之后多次连任；1980 年退出塞内加尔政坛；1983 年被选为法兰西学院院士。桑戈尔致力鼓吹黑人文化的价值，促成黑白文明的对话，宣扬种族间的和解。不论是在政治或是文学场域，桑戈尔都是二战之后非洲的代表人物。

② 莱奥波德·桑戈尔，"黑人所带来的"，收于克劳德·诺迪，《有色人种》，页 309—310（Léopold Senghor, "Ce que l'homme noir apporte", in Claude Nordey, *L'Homme de couleur*, Paris, Plon, 1939, pp.309—310）。

在理性的层面上不可能融洽和睦，我只好转而投入非理性。就让我们看看白人是不是能比我更不理性。为了这个诉讼的需要，我采取了逆溯方式，① 但它毕竟是外来的武器；此处我怡然自在；我是由非理性建造而成；我陷在非理性的泥淖之中。非理性直淹没到头颈。此刻，我的声音在颤抖！

　　　　那些未曾发明火药、也未曾发明罗盘的人
　　　　那些从来不知道要去制伏蒸气和电的人
　　　　那些不曾勘察大海、也不曾探索天空的人
　　　　然而他们在自己所处的卑微角落认识了苦难之国
　　　　那些除了离乡背井未曾旅行的人
　　　　那些顺服屈膝的人
　　　　那些被众人奴役化和基督化的人
　　　　那些被众人灌输而变质恶化的人……

　　是的，所有那些人都是我的兄弟——有种"激烈的博爱"将我们一体等同地紧紧抓住。——在证明了次要论题之后，我在其上呼喊着另一件事情。

　　　　……但是那些没有他们地球就不成其为地球的人
　　　　驼背更加乐善好施
　　　　荒凉大地
　　　　更是大地
　　　　筒仓贮存和成熟着
　　　　大地所拥有最是大地的东西

---

① 译注：逆溯方式是指透过个人生命经历及存在的社会条件来说明一个人的行为原因。

109

我的黑人性不是一块石头，它的重听
蜂拥对抗着白日的喧鸣
我的黑人性不是大地死眼上的一翳死水
我的黑人性并非塔楼，亦非主教座堂
它扎入土地的红色肌肤中
它扎入天空的炽热肌肤中
它以笔直的耐性穿破黑密的沉重。①

　　嘿啊！达姆鼓含混不清地发出宇宙的信息。只有黑人能够传递、解读其涵蕴和意义。我跨骑在世界之上，强健的脚跟靠在世界的侧腹，双手摩亮世界的脖颈，如同祭司一般，进入牺牲的两眼。

但是，他沉浸在所有事物的本质，掌握了所有事物的本质，略过表面而从运动来掌握所有事物
不担虑征服，而玩着世界的游戏
真真正正他们是世界长子
对世界所有气息张开孔隙
世界所有气息的博爱区域
世界所有水流的不干河床
世界圣火的火花
世界肉体的肉体，与世界本身的运动共振！②

　　血！血！……诞生！变化的眩晕！我大半个身子陷入白日的惊愕中，我感到自己被血染红。世界的动脉被震荡、被扯离、

---

① 埃梅·塞泽尔，《还乡笔记》，页77—78。
② 埃梅·塞泽尔，《还乡笔记》，页78。

被拔除，转过来朝向我，浇灌我。

　　血！血！我们所有的血都被太阳刚强的心所扰动 ①

　　以牺牲作为造物者和我的中介——我所重新发现的不再是诸源（les origines），而是**本源**（l'Origine）。尽管如此，必须要提防旋律，提防大地-母亲的情谊，提防这场在群体和宇宙之间神秘的、肉欲的结合。

　　在《黑色非洲的性生活》这本有着丰富观察的作品中，德·佩德拉尔（De Pédrals）让我们了解，在非洲，不管是哪个领域，总有某种魔法的-社会的（magico-sociale）结构。他接着说：“所有这些要素，就是人们在更广泛层次的秘密社会所会发现的要素。此外，既然那些在青少年时期曾受割礼、曾被切除者，不得向圈外人泄漏他们所经受的事情，否则便会被处死；既然秘密团体的加入仪式总是诉诸于*神圣之爱的*行为，我们就有理由下结论，将割礼、切除和它们所呈现的仪式当成次级神秘团体的组成要素。”②

　　我走在白蓟草上。成片的水威胁着我如火的心灵。面对这些仪式，我加倍小心。黑巫术！纵饮、狂舞、异教仪式、护身符。性交是祈求部族神灵保佑的时机。这是一种神圣的、纯洁的、绝对的行为，有助于让不可见的力量介入。要怎么看待所有这些展现、所有这些加入仪式、所有这些手术？舞蹈的猥亵、命题的淫秽，从四面八方向我回返。在我近处回荡着歌声：

　　　　之前我们的心很热

---

① 同前，页79。
② 丹尼·德·佩德拉尔，《黑色非洲的性生活》，页 83（Denis-Pierre De Pedrals, *La vie sexuelle en Afrique noire*, Paris, Payot, 1950, p.83）。

现在它们已经变冷

我们心里只想着爱

回到村落

当我们撞见一根粗大的阳具时

啊！我们将好好地做爱

因为我们的性器官将会干燥而洁净。①

　　大地刚刚还是自制的当差，现在却笑闹起来。难道这些花痴竟是处女？黑巫术、原始心态、泛灵论、动物的好色，所有这些事又朝我蜂拥而来。所有这一切都是那些跟不上人类进化的民族之特征。如果愿意的话，甚至可以说是打了折扣的人性。到这里，我犹豫了很久才投入行动。星星也变得咄咄逼人。我必须做选择。我在说什么，其实我并没有选择……

　　没错，我们是表现落后，是简单，是放纵（的黑鬼）。对我们而言，身体和你们所说的精神并不冲突。我们在世界之中。**人类-大地**的结合万岁！此外，我们的作家会协助我说服你们；你们的白人文明忽略感性这项细致的财富。你们听：

　　"情感的灵敏性。情感是黑色的，就如同理智是希腊的。"②受风吹拂而起波纹的水？处于露天的心灵受各方的风所吹打，因此果实经常在成熟前就已掉落？的确，就某种意义而言，今日黑人的天分比成果更丰富。然而树扎根在大地中。江河流深，载运着珍贵的金砂。美国非裔诗人兰斯顿·休斯③唱道：

---

① 安娜玛丽·维吉亚，《乌班吉原始人的秘密仪式》，页113（Anne-Marie Vergiat, *Les rites secrets des primitifs de l'Oubangui*, Paris, Payot, 1951（1936），p.113）。
② 强调处为笔者所加。
③ 译注：兰斯顿·休斯（Langston Hughes，1902—1967），美国黑人作家，生于密苏里州，20世纪20年代崛起文坛，和其他作家及艺术家共同缔造了"哈林文艺复兴"。他的作品描写美国黑人的生活经验及文化传统，是同时代最为突出的黑人诗人。法农所引诗句出自他于1921年发表的 （转下页）

我熟知江河，

　　古老深暗的江河

　　我的灵魂变得深邃

　　如同深沉的江河。

　　"黑人那激动和敏感的天性本身，在另一方面，也解释了黑人在面对客体时的态度，他以这种本质性的暴烈在感知客体。这是一种变成需要的放纵，一种交流的积极态度，甚至是认同，即使客体的行动——我差点说成人格——强度很低。旋律性的态度，希望大家记住这个词。"①

　　这就是被平反的黑人，"站在法庭上"，以他的直觉治理世界，这个被找回、被收拢、被追还、被承担的黑人。这个黑人，不，不是一个黑人（un nègre），而是黑人一族（le nègre），惊动了世界的敏锐触角，矗立在世界舞台的前缘，用那诗意的力量喷洒世界，"向世界所有气息张开孔隙"。我拥抱世界！我就是世界！白人从未了解这种神奇的替换。白人要世界；他要这个世界只是为他自己。他表露自己是这个世界的命定主人。他奴役着世界，在世界和他之间建立起一种占有关系。但还有其他价值存在着，它们只适合于我的方式。我如同魔术师，从白人那里偷走了"某种世界"，某种对他和他们来说已然失去的世界。到那么一天，白人必然会感受到一种无法辨识的震惊反转冲击着自己，因为他们太不习惯这样的反应。因为在土地、香蕉林或橡胶园这个客观的世界之上，我已精巧地建立起真正的世界。世界的本质为我所有。在世界和我之间形成了一种共存关系。我找回了太一（l'Un primordial）。我那"声音的手"吞

　　（接上页）名作《黑人谈河流》(*The Negro Speaks of Rivers*)。

①　莱奥波德·桑戈尔，《黑人所带来的》，页 295。

噬了世界歇斯底里的喉。白人有种感觉难受的印象，觉得我逃脱了他们的掌握，还带走了一些东西。他们搜查我的口袋，用探测管查遍我体内最曲微之处，处处所见都是已知事物。然而，很明显，我是有个秘密。他们盘问我，我带着神秘的表情转过身去，呢喃着：

> 托柯瓦利，我的叔叔，你还记得从前的夜晚吗
> 当我的头贴紧你坚毅的背，或者
> 你那牵着我手的手，经由沉黑和记号引领着我
> 田野里萤虫如花，星子栖息在草叶之上、在树木之上
> 四周一片寂静
> 只有灌木丛的香味在低唱，蜂群嗡吟俯临蟋蟀细鸣，
> 低哑不清的达姆鼓声，是在夜之远处的呼吸，
> 你，托柯瓦利，你聆听那难以听见的声音，
> 你向我解说祖先在航海的宁静中所诉说的星群，
> 金牛、天蝎、黑豹、巨象和那些熟悉的鱼，
> 诸神在天绒中所展布的银河壮丽无穷无尽，
> 此时月亮女神的智慧展现，黑暗之幕降临。
> 非洲之夜，我的黑夜，神秘又明亮，黑暗又光辉。①

　　我把自己当成世界的诗人。白人曾发现一种毫无诗意的诗歌。白人的心灵已经腐化堕落，就像一位在美国教书的朋友告诉我："面对白人的黑人以某种方式构成了人性的保证。当白人感到自己太过机械化时，就转身朝向有色人种，向他们要求一些人性的食粮。"我终于受到承认，我不再是一种虚无。
　　我很快就会泄气。在稍做交谈之后，白人便向我阐述，在

---

① 莱奥波德·桑戈尔，《阴影之歌》(*Chants d'ombre*, Paris, Editions du Seuil, 1945)。

基因上，我代表某个阶段："您的长处我们早已竭尽其妙。我们曾有过的大地的神秘思想，您连听都没有听过。看看我们的历史，您就会了解这种交融曾经达到什么样的程度。"我感觉有种循环在重复。我的独创性从我身边被夺走。我哭了好久，然后重新打起精神过活。但一连串让人软弱无力的说法缠绕着我：黑人独特的气味……黑人独特的纯朴……黑人独特的天真……

我曾经试着绕道逃走，但是白人向我袭来，将我的左腿齐膝砍断。我量度了自己本质的界限；没错，它们是相当贫乏。但正是在这个层级，有我最不平凡的发现。这个发现，准确地说，应该是一种再发现。

我头昏眼花地探究黑人的古代时期，发现的事让我喘不过气来。在《废奴》(*L'abolition de L'esclavage*) 这本书中，舍尔歇带给我们不容置疑的论据。从此以后，弗罗贝纽斯①、威斯特曼、德拉福斯②，都是白人，他们唱和起来：塞古③、捷内④，居民超过十万的城市。人们谈论着黑人博士（前往麦加讨

---

① 译注：弗罗贝纽斯（Leo Frobenius, 1873—1938），德国民族学家和哲学家。他考察不同文化间的相同元素来说明文化间彼此采借的关系，是文化传播论的积极捍卫者。他曾多次在非洲进行研究，著作多部，其中1936年出版的《非洲文明史》(*L'histoire de la civilisation africaine*) 是他最后一部，也是最有名的著作。1938年翻译成法文出版，桑戈尔对"黑人性"的主张受其影响甚巨。

② 译注：德拉福斯（Maurice Delafosse, 1870—1926），法国非洲学家，著有多本讨论非洲历史、语言、文化的著作。

③ 译注：塞古（Ségou），西非马里境内的城市，位于尼日河畔，17世纪末叶，班巴拉族（Bambara）曾在此建立起塞古王国。1820年起，泛灵信仰的班巴拉族与信仰伊斯兰教的颇尔族以及伊斯兰教领袖哈吉奥玛（El Hadj Omar, 1797—1864）间陆续爆发冲突。哈吉奥玛于1850年发动圣战，1861年占领塞古城，但班巴拉族人以游击战持续抵抗，直到1895年马里沦为法国殖民地。

④ 译注：捷内（Djenné），位于马里境内，是此区最早出现的城市。加纳帝国时期，马里地区发展重心偏西；13世纪马里帝国兴起，向东扩张到整个尼日河河套地区，捷内跃升为跨撒哈拉地区重要的商业和宗教城市，和另一城市通布图（Tombouctou）共同见证了这一时期的繁盛。15世纪末桑海帝国继起，捷内仍继续扮演重要角色。

论《古兰经》的神学博士们）。所有这些被发掘、被陈列的事，这些被翻晾风中的五脏六腑，让我重新找到一个有价值的历史类别。白人搞错了，我并不是原始人，更不是半人，我属于一个在两千年前就已经从事金银加工的种族。而且，还有其他事，是白人无法了解的事。你们听：

"那些被数世纪以来无法超越的野蛮，从他们的家乡、他们的神祇、他们的家庭那里夺走的，究竟是些什么人？

"温和、礼貌、谦逊的人，比他们的刽子手，比那帮为了大肆掠夺而毁损、偷盗、污辱非洲的冒险家，他们确实要来得优越。

"他们懂得构筑屋舍、管理帝国、建造城市、耕作田亩、熔铸矿石、纺织棉纱、锻造铁器。

"他们的宗教优美，是在和城邦缔造者的神秘接触中产生。他们那令人愉悦的风俗，建立在团结、仁慈、敬老尊长之上。

"没有任何强迫，而有彼此互助、生活之乐、自由同意的纪律。

"秩序——紧密——诗意和自由。

"从那些没有焦虑感的个人到几乎像是传奇的领袖，连成一条由了解和信任所接续的链子。没有科学？当然，但他们有伟大的神话保护他们免于恐惧，这些神话有着最细致的观察和最大胆的想象，两者彼此平衡，互为基础。没有艺术？他们有自己的雄伟雕塑，涵蕴着从来不曾如此狂野爆发的人类情感，它只根据那萦绕心头的旋律法则来安排设计图，用一种材料来捕捉并重新分配宇宙最神秘的力量……" ①

"……在非洲深处的纪念碑？学校？医院？没有一个二十世

---

① 埃梅·塞泽尔，"导读"，见维克多·舍尔歇《奴隶制度和殖民》，页 7（Aimé Césaire, Introduction, to Victor Schoe lcher, *Esclavage et colonisation*, Paris, Presses Universitaires de France, 1948, p.7）。

纪的布尔乔亚，没有一个杜朗（Durand）、史密斯（Smith）或布朗（Brown）会怀疑这些事物在欧洲人到达之前就已经存在……

"……但舍尔歇根据卡耶 ①、莫里昂 ②、坎得兄弟（les frères Cander）的著作，指出这些事物的存在。虽然舍尔歇并未在任何地方指出，当葡萄牙人于一四九八年在刚果河口登岸时，他们发现了一个富足丰饶的国家，在安巴斯（Ambasse）宫殿的大人们穿着丝绸锦缎，但他至少知道，非洲已经发展出关于国家的法律观念，并且在帝国主义的全盛世纪，他怀疑欧洲文明终究只是各种文明中的一种——还不是最温柔的一种。" ③

我将白人重新放回他们的位置；我胆子大了起来，将他推开，甚至劈头朝他撂下一句话：你们要将就我，我不会将就任何人。我在星空下傻笑。明显可见，白人低声嘟囔，反应的时间无限地拉长……我赢了。我欣喜若狂。

"把你们的历史、你们对于过去的研究留在那里，试着配合我们的节奏。在一个像我们一样极度工业化、科学化的社会，已经没有你们感性的余地。要活下来，就必须要冷酷。重要的已经不再是玩世界的游戏，而是要靠微积分和原子。"他们对我说，"当然，时不时，当我们厌倦了大楼的生活，我们将走向你

---

① 译注：卡耶（René Caillé，1799—1838），法国探险家，1816 年从法国波尔多出发前往塞内加尔，1828 年到达欧洲人想象中的神秘古城通布图，之后穿越撒哈拉沙漠，到达摩洛哥。1830 年出版了三卷《一个旅游者在中非洲通布图和捷内的日记》（*Le Journal d'un voyageur à Tombouctou et à Jenné, dans l'Afrique centrale*, Paris, Imprimerie Royale, 1830）。在 18 世纪末时，欧洲人对非洲内陆的了解仍然相当有限。卡耶是第一位进入通布图并活着回到欧陆的法国人。

② 译注：莫里昂（Gaspard Théodore Mollien，1793—1872），法国探险家，于 1818 年带了一头骡子和一名颇尔族通译在塞内加尔境内旅行。他于 1820 年出版了两卷《在非洲内部旅行：在塞内加尔和冈比亚的源头》（*Voyage dans l'intérieur de l'Afrique: aux sources du Sénégal et de la Gambie*, Paris, Courcier, 1820），1822 年时出版增订完整版（Paris, Arthus Bertrand, 1822〔2éme éd.〕）。

③ 埃梅·塞泽尔，"导读"，见维克多·舍尔歇《奴隶制度和殖民》，页 8。

们，就如同走向我们那惊愕的……憨直的……未被玷污的儿童。我们将走向你们，就如同走向世界的童年。你们的生命是如此之真，意思是如此爱说笑。让我们暂且抛下我们那过分讲究仪礼的文明，让我们俯身接近这些活泼可爱的脸庞。就某种意义而言，你们让我们和自己和解。"

就这样，对我的非理性，他们以理性来对抗。对我的理性，则以"真正的理性"来对抗。每一击都失败。我检验自己的遗传，对我的疾病做出小结。我要做个典型的黑人——这已经不再可能。我要当白人——还是笑笑就好。当我试着在观念和智识活动的平台上诉求我的黑人性，众人却将它夺走。众人向我显示，我的步骤只不过是辩证法中的一个项：

"但还有更重要的事：我们曾经提过，黑人建立了一种反种族主义的种族主义。他一点都不希望支配世界：他要的是废除各种族群特权，不管这些特权来自何处；他确认他和所有肤色的被压迫者之间相互联系。由此，黑人性那主观的、存在的、族群的观念就转为无产阶级那客观的、实证的、真实的观念。桑戈尔说：对塞泽尔而言，'白人'象征着资本，就如同黑人象征劳动……透过他那黑皮肤的族人，鸣唱出的是世界的无产阶级斗争。

"说起来容易，思考起来没那么简单。**黑人性**最积极的颂扬者同时也是马克思主义者，这件事可能并非偶然。

"但这并不妨碍我们将种族观念和阶级观念两者区分开来：一个是实际和特殊的，另一个是普遍和抽象的；一个是雅斯贝尔斯所说的了解，另一个则是理解；前者是一种心理-生理的综合，后者则是一种从经验出发的、有系统的建构。实际上，黑人性的出现就像是一组辩证进展中的弱拍：在理论上和实践上确认白人的至高无上是正题；黑人性的位置只具有反题的价值，是否定性的时刻。但是这个否定性的时刻本身并不具足，使用它的黑人也很清楚这点；他们知道黑人性只不过是在准备合题：

118

无种族社会中人类的实现。由此，黑人性为的是自我摧毁，它是过程而非结果，是方法而非最终目的。"①

当我读到这页，我感到自己最后的机会也被偷走。我向朋友们宣布："年轻一代的黑人诗人们刚受到毫不留情的一击。"大家找来一位有色人种之友，这位朋友却只证明了他们行动的相对性。就这么一次，这位天生的黑格尔主义者忘记了，意识需要沉陷在绝对的夜里，这是它达到自我意识的唯一可能。为了对抗理性主义，他唤起了否定的一面，却忘记这种否定性的价值，是从一种准实体的绝对性中得出。投入到经验中的意识并不知道，而且也应该不知道其存在的本质和决定性。

在黑人存在的知识化过程中，《黑色俄耳甫斯》是一篇划时代的文章。萨特的错误不只在于他想要前往源头的源头，更在于他汲干源头的方式。

"诗的源头会干涸吗？纵使有整片大海可供注入，黑色大河是否会发怒？这不要紧：每个时代都有它的诗篇；每个时代的历史环境都会挑选一个民族、一个种族、一个阶级来接续火炬，创造出只能用诗歌来表达或超越的形式；有时诗的动力和革命的动力一致，有时又扩散分歧。历史时机使黑人得以'从那样一种紧绷状态，发出让世界的基础为之动摇的伟大呐喊'（塞泽尔）。让我们向这个历史时机致敬。"②

看吧，并非我为自己创造了一种意义，而是既存的意义等待着我。我并未以我那坏黑鬼的苦难、我那坏黑鬼的牙齿、我那坏黑鬼的饥饿来塑造火炬，以便投掷出火焰来燃烧这个世界，而是已经在那里的火炬，等待着这个历史机会。

就意识而言，黑人意识自诩为绝对丰富、自我充满，那是

① 萨特，"黑色俄耳甫斯"，《黑人及马尔加什诗选》序文，页 XL 起。
② 萨特，"黑色俄耳甫斯"，《黑人及马尔加什诗选》序文，页 XLIV。

在所有裂口出现之前、自我被欲望废除之前的阶段。在这个研究中，萨特摧毁了黑人的热情。不可预测被用来和历史变化相对抗。我曾需要让自己绝对地沉陷在黑人性里。或许有一天，在这种不幸的浪漫精神中……

无论如何，我曾需要不知道。这场斗争，这次再下降，必须具有一种完满的面向。没有什么话会比下面这个句子更令人不快的了："小朋友，你会改变的；当我还年轻的时候，我也一样……看着吧，所有事情都会过去的。"

在我自由的支点上插入必然性的辩证法，将我从自己那里赶走。它打破了我那未经反思的位置。同样是就意识而言，黑人意识内在于它自己，我并不是某种事物的潜质，我就是我所是的完满呈现。我并不需要寻找普同。在我胸中，没有任何或然性的位置。我的黑人意识并不自认为缺乏。它存在。它依附于它自己。

然而，众人告诉我们，在你们的认定中，有种对历史过程的无知。听着：

　　　非洲，我守护着你的记忆，非洲
　　　你在我身体内
　　　如同伤口中的刺
　　　如同村庄中央的守护神
　　　将我作为你投石器之石
　　　将我的嘴作为你伤口的边缘
　　　将我的膝作为你衰落的裂柱
　　　然而
　　　各个地方的工人和农夫
　　　我想要做的就只是你们的种族……
　　　……底特律的白种工人，阿拉巴马的贫穷黑农

那资本主义苦境下的无数人民

命运安排我们肩并肩

否认血之禁忌的远古魔法

我们行走在我们的孤独的瓦砾上

如果激流是边界

那我们要拔除沟壑那源源不绝的缕缕头发

如果山脉是边界

那我们要打碎火山群之下巴

确认山系

平原将是曙光广场

聚合了我们那被主人们的诡计所分割的力量

就如同容貌的矛盾

转变为面庞的和谐

我们宣告

地球上所有地方的所有人民

苦难和反抗的一体性

我们要在偶像的尘土中搅拌博爱时代的灰浆。①

我们要确切地回答，黑人的经验是暧昧的，因为并不只有一种黑人，而是有各种黑人。有什么差别，作为例子，这里有另一首诗：

白人杀害了我的父亲

因为我的父亲自尊

白人强奸了我的母亲

---

① 贾克·鲁曼，《乌木》，序幕，《黑人和马尔加什新诗选》，页 113（Jacques Roumain, "Bois d'Ebene", Prélude, in *Anthologie de la nouvelle poésie négre et malgache*, p.113）。

因为我的母亲美丽

白人让我的哥哥跪在烈日下的路旁

因为我的哥哥坚强

接着白人转身朝向我

双手被血染红

将轻蔑吐到我黑人脸上

并用他那主人的声音说：

"喂，小伙子，一位神甫①、一条毛巾、水。"②

还有这一首：

我的兄弟，在虚伪问候下，牙齿闪闪发亮

我的兄弟，金边眼镜

戴在你那因为主人话语而泛蓝的双眼上

我可怜的兄弟，身穿丝质衬里的礼服

在优越感的厅堂中叫嚷、低语、摆谱

我们为你感到可怜

你国度的太阳只不过是一方阴影

落在你因被开化而明朗的前额上

你祖母的小屋

泛红了你那因为连年羞辱悔过而发白的脸庞

但当你饱足了浮夸空泛的词语

如同在你肩上的箱子

---

① 译注：原文用字为 berger，原意为牧羊人，转意为神甫或牧师。"神甫、毛巾、水"三者的用途，可能是以神甫为死者祷告、以毛巾和水洗净尘土和血污。英译本并未采用原文字义，改译为 basin（盆子）来连接前后文脉络，成为"脸盆、毛巾、水"。

② 大卫·迪奥普，《殉道的时刻》，《黑人和马尔加什新诗选》页 174（David Diop, "Le temps du martyre", in *Ibid*., p.174）。

你将行走在非洲苦涩红暗的大地

为你那忧心步伐调节韵律的是这些苦恼的词语：

我感到如此孤独，如此孤独，在这里！①

我们不时想要停止。表达真实是件艰难的事。但当我们把想要表达存在这件事放在脑中，可能只会遇到不存在。可以确定的是，正在我尝试要掌握我的存在时，萨特，仍是他者，在选取我时也将所有幻象从我这里拿走。因此，我告诉他：

我的黑人性并非塔楼，亦非主教座堂

它扎入土地的红色肌肤中

它扎入天空的炽热肌肤中

它以笔直的耐性穿破黑密的沉重……

我，处于实际经验和疯狂的顶点，我作了这样的宣称，然而他提醒我，我的黑人性只不过是一个反题。事实上，事实上，我要告诉您，我的臂膀从世界的结构滑落，脚掌不再感到土地的抚摸。没有黑人的过去，也没有黑人的未来，我已不可能存在于我的黑人所在。还没有变白，却已不再全黑，我是个遭到天谴的受苦者。萨特忘了黑人在自己身体上所受的苦有别于白人。②在白人与我之间，无可改变地，有一种超越关系。③

但众人忘记了我的爱之坚贞。我把自己定义成开放的绝对

---

① 大卫·迪奥普，《叛徒》（Le Renegat）。

② 虽然萨特对他者的存在之研究仍然是正确的（就《存在和虚无》中描述被异化的意识这点而言，我们要提醒这点），但将这些研究成果应用在黑人意识上显然是错误的。因为白人并不只是他者，而且还是主人，不管这个主人是真实或是想象的。

③ 就让·沃尔在《人类存在和超越》中所使用的意义而言（Jean Wahl, *Existence humaine et transcendance*, Neuchatel, La Baconniere, 1944）。

紧张。我拾起这个黑人性，目中含泪，重建它的机制。那曾经裂成碎片的事物，被我这双如有直觉力的藤蔓般的手，重新建造、构筑。

我的喊声回荡得更剧烈：我是一个黑人，我是一个黑人，我是一个黑人……

我可怜的兄弟——经受其精神官能症的极致，发现自己被瘫痪：

> 黑人：我不能，夫人。
>
> 丽姬：什么？
>
> 黑人：我不能对白人开枪。
>
> 丽姬：确实！他们是会感到不安。
>
> 黑人：那些人是白人，夫人。
>
> 丽姬：所以呢？因为他们是白人，他们就有权把你当成猪一样地宰杀？
>
> 黑人：那些人是白人。

这是自卑感？不，这是不存在感。罪是黑人的，就如同善是白人的。所有这些聚集在一起的白人，左轮枪在手，他们不可能会有错。我是有罪的。我不知道为什么，但我觉得自己是个坏蛋。

> 黑人：就是这样子，夫人，在面对白人时总是这样子。
>
> 丽姬：你也觉得自己有罪吗？
>
> 黑人：是的，夫人。①

---

① 萨特，《可敬的妓女》(Jean-Paul Sartre, *La Putain respectueuse*, Paris, Gallimard, 1947)。——参见马克·罗伯森（Mark Robson）的电影《我是黑人》(*Je suis un négre*)，英文片名为《勇者之家》(*Home of the brave*)。

那是毕格·汤玛斯（Bigger Thomas）的恐惧，一种骇人的恐惧。我们知道他在恐惧，但究竟在恐惧什么？恐惧他自己。大家还不知道他是谁，但是他知道，当世界知道之后，恐惧将进驻世界。当世界知道，世界总是等着黑人发生某些事。他害怕世界知道，他害怕如果世界知道之后，世界所会有的恐惧。就如同这个跪着请求我们将她绑在床上的老妇：

"医生，我感觉这个东西无时不刻地纠缠着我。"
"什么东西？"
"想要自杀的欲望。把我绑起来，我好害怕。"

最终，毕格·汤玛斯采取了行动。为了终结这种紧张，他采取行动，回应了世界的期待。[1]

这是《如果他叫，就放他走》[2]的人物——他所做的恰恰是他不想做的事。这个无时不刻挡住他去路的金发胖女人，这个有气无力、淫荡好色、投怀送抱、行为开放、害怕（希望）强暴的女人，最后变成了他的情妇。

黑人是白人手上的玩具；为了打破这个地狱般的循环，他爆发了。不可能进电影院而不遇到我。我等着自己。在幕间，就在电影开始之前，我等着自己。那些在我面前的人看着我，窥伺着我，等着我。一个黑人–侍者就要出现。我的心让我头晕。

在太平洋战争中残废的人告诉我的兄弟："你要适应自己的

---

[1] 李察·莱特，《土生子》(Richard Wright, *Native Son*, New York, Harper, 1940)。

[2] 彻斯特·海姆斯，《如果他叫，就放他走》(Chester Himes, *If he hollers, let him go*, Garden City, Doubleday, 1945)。

肤色，就好像我适应我的残废一样；我们两个都是意外事故的受害者。"①

然而，我以我所有的存在，拒绝这种截肢。我感觉自己是和世界一样宽广的心灵，如同最深河流一样真正深沉的心灵，我的胸膛有一种无限扩张的力量。我是造物者的恩赐，但众人向我推荐残废者的卑贱地位……昨日，在睁开双眼望向世界时，我看见天空从这头到那头都变色翻白。我想要起身，但被掏空的寂静向我倒流而来，它的翅膀已然瘫痪。对此并没有责任的我，跨在虚无和无限之间，哭泣了起来。

---

① 《我是黑人》。

第六章　黑人与精神病理学

　　心理分析的各个学派研究了在某些环境、某些文明区域中产生的精神官能症反应。为遵循辩证的要求，我们应该思考的是，弗洛伊德或阿德勒的理论可以用来解释有色人种的世界观到什么程度。

　　精神分析企图理解发生在家庭这个特定群体中的既定行为，这点我们再怎么强调也不为过。当涉及的问题是成人所经受的精神官能症，精神分析师的任务是在新的精神结构中，找出一种与某些儿童时期要素所具有的类比关系，一种重复，一种在家庭群体内部所蕴生冲突的翻版。在所有案例中，人们总是喜欢把家庭看成"精神的对象和环境"①。

　　然而此处，这种现象显得特别复杂。在欧洲，家庭其实代表了世界呈现给儿童的一种方式。家庭结构与国家结构维持紧密的关系。在一个国家中发生的军事化与集权化，会自动导致父权的加剧。在欧洲和所谓文明或开化的国度里，家庭就是国家的一小块。走出父母圈子的孩子，会碰上同样的法规、同样的原则、同样的价值。在正常家庭里长大的正常孩子会是一个

---

① 雅克·拉康，《情结：家庭心理学的具体因素》，《法兰西百科全书》，8-40-5（Jacques Lacan, "Le complexe, facteur concret de la psychologie familiale", *Encyclopédie française*, 8-40-5）。

正常的人。① 在家庭生活与国家生活之间并没有不相称的情形。相反地，如果有人分析一个封闭社会，也就是不曾受到文明教化洪流影响的社会，还是会发现和以上描述相同的结构。例如特里尔神甫的《非洲俾格米人的灵魂》一书②，就向我们证明了这件事；在书中，我们时时刻刻都感受到将尼格利罗人③的灵魂天主教化的需要，但是关于文化的描述，像是文化模式、仪式的持续、神话的残存等，并不会像《班图哲学》④这本书一样，给人造假的印象。

不管是被教化者或是教化者的国度，都有家庭环境的特征投射在社会环境的情形。确实，小偷或是盗匪的孩子，习惯于某种小集团的行事规则，在发现世界其他地方的行为方式并不相同时，他们会感到惊讶。但是新的教育应该能引领他们将观点道德化、社会化，除非那是败坏或落后的教育（厄耶⑤）。⑥

---

① 我们相信大家不会因为最后这句话谴责我们。怀疑主义者大可以问："你所说的正常是什么意思？"目前，我们并不打算回答这个问题。为了怕有人过于心急，我们要举出康吉莱姆（G. Canguilhem）非常具有启发性的著作——《正常和病态》（Le normal et le pathologique），虽然它针对的只是生物学的问题。这里要再补充一点，在精神领域里，谁询问、呼唤、乞求，谁就不正常。

② 译注：特里尔神甫，《非洲俾格米人的灵魂：于赤道森林的核心》（R.P. Trilles, L'âme du pygmée d'Afrique, Au coeur de la forêt équatoriale. Paris, Ed. du Cerf, 1945）。

③ 译注：尼格利罗人（Négrille），赤道非洲的俾格米人。

④ 译注：《班图哲学》（La philosophie bantoue）是比利时传教士普拉西德·唐佩尔（Placide Tempels）的著作，1945年完成，1948年由非洲存在出版社出版。这本书揭开了"黑人哲学"论战的序幕。

⑤ 译注：乔治·厄耶（Georges Heuyer, 1884—1977），法国医师，专注于社会医疗领域（弃儿、不良少年等等），是法国儿童精神病学的创始者。

⑥ 就连这种谨慎保留的态度本身也有待商榷。参见茱丽叶·布托尼埃（Juliette Boutonnier）的论述："病态（perversion）难道不是由儿童经历的境遇所维持或产生的一种深层的情感落后？境遇产生的影响至少和体质倾向产生的影响相当。体质倾向显然仍被认为和问题的产生有关，但可能不是唯一的成因。"《法国心理分析学刊》（Revue Française de Psychanalyse, n° 3. 1949, pp. 403—404）。

众人观察到，在所有这些案例中，病因都是在家庭环境中。"对于个人而言，国家权威乃是他在儿童时期所经受的家庭权威之复制。个体将后来遭遇的权威都类比于父母的权威：他是以过去感知现在。就如同所有人类行为一样，人在面对权威时的行为也是学来的，而且是在家庭当中学来的。对于家庭，我们可以从心理学的角度，按照个别的组织方式，也就是按照权威被分配和行使的方式加以区分。"①

　　然而，很重要的一点是，我们在有色人种身上发现相反的情形。在正常家庭里长大的正常黑人孩子，只要跟白人世界稍作接触就不正常起来。这种说法大家可能没办法马上理解，还是让我们倒退着前进。弗洛伊德对布洛伊尔②博士作出公正评价而写道："几乎在每个案例中，我们都发现，症状是情感经验的残余物，基于这项理由，我们才在后来称它们为精神创伤。它们各自的特征与造成创伤的场景相联系；按照惯常的说法，症状是被'场景'决定的，是这些场景的记忆性残余，不必再把它们看成精神官能症任意而神秘的效果。然而，与众人的期待相反，症状并不总是由单一事件造成，在大多数情况下，症状是由多个通常类似而且重复发生的创伤所造成的结果。因此，必须按时间顺序重建整条致病的记忆链，但是以反向顺序来进行，最后发生的在开头，最早发生的在结尾；通常最早发生的创伤作用最大，但要跳过中间环节直接穿透到第一次是不可能的。"

---

① 若阿基姆·马居斯，"家庭结构与政治行为"，《法国心理分析学刊》"家庭与国家中的权威"专号，1949 年 4—6 月号（Joachim Marcus, "Structure familiale et comportements politiques", *L'autorité dans la famille et dans l'Etat* (*Revue Française de Psychanalyse*, avril-juin 1949)）。

② 译注：布洛伊尔（Josef Breuer，1842—1925），奥地利医师。他于 19 世纪 80 年代、90 年代和弗洛伊德合作进行精神性疾病的研究，两人并于 1895 年共同发表《歇斯底里研究》，但也在同一年分道扬镳。

话说得再肯定不过了；在精神官能症的源头，有着特定的**经验**（Erlebnis）。弗洛伊德接着说："这个创伤，病人的确已将它从自己的意识与记忆中驱逐出去，从表面上看来，让自己免于承受相当分量的痛苦，但是被压抑的欲望继续存留在无意识当中，窥伺着现身的机会，并且很快就会再次出现，却是戴着让人无法认出的伪装，用其他词语来说，被压抑的念头在意识中被另一个念头所替代，这个新念头就是它的替身、代用品，在其上附着了先前被认为已经通过压抑而排除的不适感。"这些**经验**被压抑到无意识中。

在黑人的案例中，我们看到什么？除非运用荣格 ① 的集体无意识（inconscient collectif）这个如此炫目以致让我们失去平衡的论据，否则怎么也无法理解。每天都有悲剧在被殖民国家上演。比如说，一个刚到索邦大学修习哲学的黑人中学毕业生，在身旁所有的冲突结构都还没有出现以前，就充满了戒备之心，该如何解释这种现象呢？勒内·梅尼尔 ② 以黑格尔的用语来阐述这个反应，将它看作："在奴隶意识中，设置一种主人的代表机构，取代被压抑的'非洲'精神，由此所产生的后果。这个机构建立在这个集体的最深处，监视着整个集体，如同一支驻军监视被征服的城市。"③

在讨论黑格尔那一章，我们会看到勒内·梅尼尔并没有搞错。然而我们还是有权问自己这个问题：既然已经出现对白人

---

① 译注：荣格（Carl Gustav Jung，1875—1961），瑞士精神分析学家和心理学家。

② 勒内·梅尼尔（René Ménil），马提尼克人，于 1932 年和艾蒂安·勒罗（Etienne Léro）等人共同创办刊物《正当防卫》（*Légitime défense*），批判主流社会加诸黑人身上的异化形象，对后来塞泽尔等人推动的"黑人性"运动起着先导的作用。

③ 引自米歇尔·雷里斯，《马提尼克-瓜德罗普-海地》，《现代》，1950 年 2 月号（Michel Leiris, "Martinique-Guadeloupe-Haiti", *Temps Modernes*, février 1950）。

的全面认同，又该如何解释这个现象在二十世纪持续存在呢？通常，趋向反常的黑人跟白人从来没有任何关系。是否有过往的经历和无意识中的压抑呢？年轻的黑人孩子见过自己父亲被白人殴打或虐待吗？是否有实际的创伤？对于所有这些问题，我们的回答是：没有。所以呢？

如果我们想要正确地回答这个问题，就必须借助于集体宣泄（catharsis collective）这个概念。所有社会、所有团体都存在着，而且应该存在着一条渠道、一个出口，好让那些以攻击形式累积起来的能量得以释放。这便是儿童机构中的游戏、集体治疗中的心理剧，以及在更广泛的意义上，给年轻人看的图画周刊等尝试达成的目标——自然，每个类型的社会都会要求特定的宣泄形式。人猿泰山的故事、十二岁的探险家、米老鼠，以及所有画报，都尝试让集体攻击性得到真正的发泄。但那些都是白人写的报纸，对象是小白人。悲剧就在这里。在安的列斯，当地年轻人热切阅读的同样是这些画报，我们完全有理由设想其他殖民地也有类似的状况。那**狼**、那**魔鬼**、那**恶灵**、那**坏人**、那**野蛮人**，总是由黑人或印第安人来体现，而且由于人总是认同胜利者，因此小黑人也就和小白人一样容易把自己当成开拓者、冒险家、传教士，"冒着被坏蛋黑人吃掉的危险"。有人会说没什么大不了的；那是因为大家丝毫没有考虑过这些画报的作用。雷格曼 ① 对这件事的看法是："除了极少数的例外，每一个在一九三八年时六岁的美国孩子，现在都已经吸收了至少一万八千个残酷虐待和血腥暴力的画面……就人类记忆所及，美国人乃是除了布尔人（Boers）之外，唯一把自己所定居土地上的原住民彻底扫尽的现代民族。② 所以只有美国才会有一种全

① 译注：雷格曼（Gershon Legman，1917—1999），美国学者，以研究性、色情、幽默、检禁等课题间的关联而著称。
② 顺带提出，拜西班牙和法国探险家之赐，加勒比海地区也遭受了同样的命运。

国性的内疚情绪，才会需要借由打造'**坏印奸**'①的神话来加以抚平，以便能够接着引入可敬的**红肤人**这个历史形象，说明他们如何捍卫自己的土地，对抗带着《圣经》和火枪的入侵者而失败；要免去我们应受的惩罚，只有否认对罪恶应负之责，怪罪于受害者，证明——至少在我们自己的眼里——我们率先开唯一的那一枪，不过是在正当防卫状态下采取的行动……"针对这些画报对美国文化的影响，作者继续写道："尚待厘清的问题是，这种对暴力和死亡已成癖好的固着心理（fixation），是不是一种遭到检禁的性欲之替代品，还是说它的功能就在于，用性检禁所清理出来的渠道，来疏导儿童与成人对——在他们自己同意下使他们变坏的——社会和经济结构的攻击欲望。在这两种情况下，造成反常的原因，不管是性还是经济的，都是根本的；这也是为什么只要我们还无法触及这些根本性的压抑，对于漫画之类的单纯逃逸手段所做的任何批评，都是无效的。"②

在安的列斯，年轻的黑人在学校不停重复"高卢人，我们的祖先"，③他自我认同的对象，是为野蛮人带来纯白真理的探险家、文明传播者、白人。有认同，也就是说年轻黑人在主观上采取了白人的态度。他会将自己全部的攻击性都交给白人主人公来承载。在这个年龄，攻击性与奉献感紧密相连：一种充满暴虐的奉献感。一个八岁的孩子在赠送东西给别人时，无法忍受别人的拒绝，即使对方是大人也一样。渐渐地，在安的列斯年轻人身上形成并凝结出一种态度，一种思考和看待事情的

---

① "坏印第安人"（Bad Indian）的变音贬义称呼。
② G. 雷格曼，"漫画的心理病理学"，《现代》第 43 期，916 页起（G. Legman, "Psycho-pathologie des Comics", traduit par H. Robillot, *Les Temps Modernes*, n°43, pp.916 et suiv.）。
③ 在许多场合，当人们讲到马提尼克教育的这个现象时，总是引起一阵微笑。大家乐于看到它可笑的一面，却不去谈它长远的后果。然而紧要之处就在这里，因为安的列斯年轻人的世界观正是从三四句这样的谈话开始形成的。

习惯，本质上为白色的态度和习惯。在学校里，当安的列斯年轻人读到野蛮人的故事，当然也是在白人的书本中读到的，他心里想的总是塞内加尔人。当我们还是小学生的时候，曾经一连数小时谈论所谓的塞内加尔野蛮人的风俗。在我们的谈话中，有一种至少可说是吊诡的无意识。但那是因为安的列斯人不认为自己是黑人；他认为自己是安的列斯人。黑人生活在非洲。在主观上、在心智上，安的列斯人表现得如同白人。然而，他是个黑人。一旦到欧洲，他就会明白这一点，当人们讲到黑人的时候，他会知道那是在说塞内加尔人，也是在说他。就这一点，我们可以做出什么样的结论呢？

给白人和黑人灌输同样的"恶灵"概念是严重的教育错误。如果众人将"恶灵"看成一种将"本我"人性化（humanisation du "ça"）的尝试，就能明白我们的观点。严格说来，我们认为童谣也得接受同样的批评。大家已经看出来，我们要的正是专为黑人创作一些画报，专为黑人孩子谱写一些歌曲，甚至要专为他们撰写历史读本，至少到小学毕业为止。因为，在还没有人提出相反证据前，我们认为，如果有创伤的话，就是发生在这个时期。被称为法国人的安的列斯年轻人，无时无刻不跟白人同胞生活在一起。我们太常忘记这一点。

白人家庭是某种特定结构的代理者。社会的确是所有家庭形成的整体。家庭是一种制度，预示了社会群体或国家群体这个更庞大的制度。参照轴线仍然是同样的轴线。白人家庭是一种社会生活的准备和培育之所。"家庭结构被内化到超我（surmoi）之中，并投射在政治〔我们要说是社会〕行为之上"（马居斯）。

黑人，只要待在自己家里，那他所实现的差不多就是小白人的命运。但如果他去了欧洲，就得重新思考自己的命运。因为黑人在法国，在自己的国家里，将会觉得自己跟别人不同。有人会赶紧说：黑人自己有自卑感。事实是别人让他变得自卑。安的列斯年轻人被称为法国人，他时时刻刻都得和白人同胞生活在一起。然而安的列斯家庭与国家结构，也就是法国、欧洲的结构，几乎没有任何联系。于是安的列斯人必须在他的家庭和欧洲社会之间做出选择；换句话说，向——白种的、文明的——社会爬升的个人，会在想象层面上排斥——黑种的、野蛮的——家庭，想象层面则受到我们先前描述的童年经验所影响。

在这种情况下，马居斯的图式变成了：

社会←个人→家庭

家庭结构被排拒到"本我"之中。

黑人发现，自己参照白人的主观态度所形成的许多想法，其实都是不现实的。于是他开始了真正的学习过程。现实显得极为顽强……可是，有人会对我们说，您所做的只不过是在描述一种普遍现象——男子气概的标准正是要能够适应社会。我们要回答，这种评论站不住脚，因为我们恰恰已经证明，黑人得对抗迷思，一个根深蒂固的迷思。只要黑人仍然生活在自己的环境中，就不会知道有这个迷思存在；然而一旦接触到白人的目光，他就会感受到自己黑色素的重量。①

---

① 关于这个问题，让我们回想萨特所写："有的孩子从六岁起，就挥拳揍学校里喊他们为'犹太猪'（youpin）的同学。另一些孩子却长期处于对自己人种无所知觉的状态。我认识的一个犹太家庭中，有个女孩直到十五岁都不知道犹太人这个词的含义。在德军占领时期，枫丹白露有位犹太医生，闲居在家，抚养着孙子，但从未对他们提起他们的血统。可是，不管是以什么方式，他们总有一天会知道事情的真相：有时候是透过周围人们的微笑，有时候是透过流言或侮辱。发现得越晚，震动就越剧烈：突然间，他们察觉到别人知道自己一些事，自己却不知道。别人把这个鬼祟暧昧、令人不安的形容词套在他们身上，而这个词在他们家里却从来不用。"（《对犹太问题的思考》，页96—97。）

接着还有无意识。种族悲剧在光天化日下轮番上演，黑人没有时间将它"无意识化"。白人在某种程度上做得到；因为这儿出现了新的要素：罪疚感。黑人的自大情结、自卑情结或平等感受都是有意识的。他们时时刻刻都在转换这些意识。他们在自己的悲剧中生存。在他们身上，并没有情感遗忘这项标示着精神官能症典型的特征。

每次读完一部心理分析著作，跟教授们讨论，或是跟欧洲病人交谈，我们都会震惊地发现，相关图式跟黑人所呈现的现实有多么不一致。我们逐渐得出一个结论，从白人心理学转到黑人心理学，有一个辩证法的替换过程。

夏尔·奥迪耶所说的首要价值①，在白人世界和黑人世界是不同的。社会化的努力并不指向同样的意图。的确，我们是换了一个世界。一项严谨的研究应该要如此呈现：

——黑人实际经历的心理分析诠释；

——黑人迷思的心理分析诠释。

但是现实，我们唯一的凭借，并不允许我们这样操作。事实要远远复杂得多。事实是什么？

黑人是恐怖与焦虑的诱发体。从赛利厄（Sérieux）和卡普葛拉（Capgras）治疗的病患，②到那个对我们承认跟黑人上床是件可怕事情的女孩，我们遇到被我们称为黑人源生恐惧（négro-phobogénèse）的各种层次的案例。关于黑人，大家讲了一大堆心理分析。我们对这些理论究竟可以如何应用抱

---

① 《道德生活有意识与无意识的双重源头》（*Les deux sources consciente et inconsciente de la vie morale*, Neuchatel, La Baconnière, 1943）。

② 赛利厄、卡普葛拉，《妄想狂》，转引自埃纳尔，《过失的病态世界》，页 97（Sérieux P. et Capgras J., *Les folies raisonnantes*, cité par Hesnard, *L'univers morbide de la faute*, Paris, Presses Universitaires de France, 1949, p.97）。

持怀疑，① 之所以要把这一章命名为"黑人与精神病理学"，便是要指出，无论是弗洛伊德、阿德勒，甚至那贯通宇宙的荣格，在他们的研究过程中，都没有想过黑人。这一点他们很有道理。人们太常忘记精神官能症并不是人类现实不可或缺的组成部分。不管同不同意，短时间内俄狄浦斯情结就是不会出现在黑人身上。大家或许会跟马林诺斯基② 一起反驳我们说，这种欠缺完全是由母系社会制度所造成。但是，我们要追问，那些充满自身文明情结的民族学家，难道不是在致力于从他们所研究的民族那里寻找自身文明的翻版；此外我们很容易就能提出，在法属安的列斯，百分之九十七的家庭都没有能力生出俄狄浦斯型的精神官能症。对于这份无能，我们感到非常庆幸。③

除了几个在封闭生活圈里出现的缺陷者，我们可以说安的列斯人身上所有的精神官能症、所有的不正常行为、所有过激的情绪，都是文化处境所造成的结果。换句话说，有那么一大堆信息、一系列的观念，借由文章、报刊、教育、课本、海报、电影、电台，慢慢地、不声不响地渗透到个体身上，构成他所

---

① 这里笔者特别想到美国；参见，例如《我是黑人》(*Je suis un nègre*。英译注：*Home of the Brave*)。

② 译注：马林诺斯基（Bronislaw Malinowski, 1884—1942），原籍波兰的英国人类学家。他认为在母系社会中，权威和律法的代表是舅舅，父亲并不负有压抑的功能，因而在母系社会中并不存在俄狄浦斯情结。

③ 在这一点上，心理分析学家不见得会同意我们的想法。例如拉康博士谈到俄狄浦斯情结的"繁殖力"(fécondité)。可是，如果说年轻的孩子应该杀死他的父亲，那也要他父亲接受死亡才行。这让我们想到黑格尔，他说："孩子的摇篮就是父母的坟墓。"还有尼可拉斯·卡拉斯（Nicolas Calas）的《火灾之源》(*Foyer d'incendie*)；以及让·拉克鲁瓦（Jean Lacroix）的《家庭的力量和弱点》(*Force et faiblesses de la famille*)。

法国在战后所经历的道德价值的崩溃，可能是源于国家所代表的这个道德人的溃败。我们很清楚这样的创伤在家庭层次上所能产生的后果。

属集体的世界观。[1] 在安的列斯，这个世界观是白的，因为没有任何黑的表述存在。马提尼克的民俗是贫乏的，在法兰西堡，许多年轻人没听过"孔佩兔"（Compè Lapin）的故事，那些路易斯安那州雷姆叔叔故事的翻版。直到一九四〇年都没有任何一个安的列斯人自认为是黑人，一直要到埃梅·塞泽尔出现，大家才看到一种对黑人性（la négritude）的诉求和假定诞生。了解当前黑人诗歌表现的欧洲人，对此应该会感到惊讶。此外，最具体的证据，就是年轻一代的大学生抵达巴黎以后的感觉：他们要花上好几个星期才能明白，跟欧洲的接触迫使他们提出一些在此之前并未触及的问题。而这些问题又是如此明显。[2]

每一次跟教授们讨论或是和欧洲病人交谈时，我们都察觉到这两个世界之间的差异。最近，我们和一位一直在法兰西堡执业的医生交谈，向他陈述了我们的结论；他听了还进一步加码，认为不只在心理病理学上为真，在一般医学上也是如此。他补充说，因此，绝不会碰上一个在医学教材上学到的那么纯粹的伤寒症；总是会有个或隐或显的疟疾加在上面。设想如何描述一个黑人意识所经历的精神分裂，应该会是件有趣的

---

① 对那些还没有被说服的人，我们要建议他们做如下的实验：分别在安的列斯和欧洲看一场人猿泰山的电影。在安的列斯，年轻黑人事实上是认同泰山而反对黑人的。在欧洲的电影院，事情会麻烦得多，因为在场观众是白人，他们会自动把泰山类比于银幕上的野蛮人。这个经验具有决定性。黑人感觉到自己无法当黑人而不受害。一部关于非洲的纪录片，在法国的城市和在法兰西堡放映会引起类似的反应。我们甚至可以断言布须曼人（Boschiman）和祖鲁人（Zoulou）让安的列斯年轻人笑得更厉害。在这个案例中，夸张的反应让人推想到承认（reconnaissance）的问题，指出这点应该是有趣的。在法国，看到这部纪录片的黑人则是彻底地愣在那里。此处再没有逃避的可能：他同时是安的列斯人、布须曼人和祖鲁人。

② 更特别的是，他们发觉过去那条自抬身价的路线，现在得反转过来了。事实上，我们已经看见，来法国的安的列斯人都把这场旅程看成自己人格形成的最后阶段。我们可以一字不差地做如下的宣称而不担心会搞错：为了让自己相信自己的白而来到法国的安的列斯人，会在那里找到他真正的面孔。

事——如果这种问题真的出现在黑人身上的话。

我们要说的到底是什么？就是：当黑人接触到白人世界时，会发生某种敏感化作用。如果心理结构脆弱的话，就会出现自我的坍塌。黑人停止作为主动的个体来行事。他的行动的目标将是（以白人形式出现的）**他人**，因为只有**他人**能赋予他价值。这是在伦理的层次上：自我抬高价值。但还有其他事。

我们说过黑人是个恐惧诱发体。那恐惧是什么？我们将借助埃纳尔 ① 最近的著作来回答这个问题："恐惧症是一种精神官能症，其特征是对某个对象（取其最广义，指一切外在于个体的东西），或是延伸到对某种情境的焦虑害怕。"② 很自然地，这个对象应该具有某些面貌。埃纳尔说，它必须会引起害怕和厌恶。但是在这里，我们碰到了一个难题。夏尔·奥迪耶运用发生学的方法来理解恐惧症，他写道："所有焦虑都来自母亲缺席所产生的某种主观上的不安全感。"③ 作者说，这样的事大约发生在第二年。

在研究了恐惧症的心理结构之后，他得出这样的结论："在直接讨论成人的信仰之前，应该先分析成人的各种要素当中的幼儿期结构，因为这些信仰既是从这个结构而来，又包含了这个结构。"④ 对恐惧诱发对象的选择是被多元决定的（surdéterminé）。这个对象并非来自**虚无**的夜，它在某种环境下，在主体身上激发了某种情绪。恐惧症就是这种情绪在主体世界深处的潜在现身；其中有种组构，有种成形。因为，很自然地，

---

① 译注：埃纳尔（Angelo Hesnard, 1886—1969），法国精神病学家，职业军医。

② 昂热罗·埃纳尔，《过失的病态世界》，页 37（Angelo Hesnard, *L'univers morbide de la faute*, Paris, Presses Universitaires de France, 1949, p.37）。

③ 夏尔·奥迪耶，《焦虑与神奇思想》，页 38（Charles Odier, *L'angoisse et la pensée magique*, Neuchâtel, Delachaux, 1947, p.38）。

④ 同前，页 65。

对象并不需要在场，只要它存在（soit）：它是一种可能。这个对象被赋予邪恶意图和邪恶力量的所有特征。[①] 在恐惧症患者身上，有种无视所有理性思考的情绪优先性。如同我们所见，恐惧症患者是服从于前理性与前情感逻辑法则的个体：这种思维和感知的方式将人拉回到造成不安全感的事件发生的年龄。这里显示的困难如下：我们方才提到的那个女孩，是否经历过让人不安的创伤？男性的黑人恐惧症患者大部分是否真的碰过绑架事件？或是被要求口交？要是严格地运用分析结果，我们会得到的结论应该是：如果一个非常恐怖的对象，比如多少出于想象的侵犯者，引起了某种恐惧，那同样会是，而且——由于涉及的经常是一位妇女——特别会是一种混杂了性憎恶的恐惧。当我们厘清这种恐怖感的动因后便会了解，"我怕男人"这句话所要说的是：因为他们可能对我做任何事，但不是一般的虐待，而是性虐待，也就是不道德的、不名誉的折磨。[②]

"单单是接触就足以引起焦虑。因为接触的同时也是性行为初始阶段的图式类型（碰触、爱抚——性）。"[③] 由于我们已经习惯了自我为保护自己所用的种种伎俩，因此知道应该避免全然相信那些否认之辞。我们面对的不就是一种完整的过渡现象吗？说穿了，这种对强奸的恐惧，难道不是在呼唤着强奸吗？如同有些脸会招来耳光，难道我们不能说有些女人会招来强奸吗？在《如果他叫，就放他走》当中，彻斯特·海姆斯（Chester Himes）清楚地描写了这个机制。每次那黑人一走近，金发胖女人就会晕倒。然而她根本没什么好怕的，工厂里到处是白人……结果呢，两人就上了床。

在服兵役的时候，我曾见识过来自三四个欧洲国家的白种

---

① 夏尔·奥迪耶，《焦虑与神奇思想》，页58和78。
② 昂热罗·埃纳尔，《过失的病态世界》，页38。
③ 同前，页40。

139

妇女在舞会上对待黑人的态度。绝大多数时候，她们会稍微做出逃跑、退缩的动作，同时脸上充满一种并不虚假的恐惧。然而邀请她们跳舞的黑人，就算心里再想，也不敢对她们做出任何事。这些女人的行为所引发的疑问，放到想象的层面上就很容易理解了。有黑人恐惧的女性其实是顺理成章的性伙伴——就像怀有黑人恐惧的男性是被压抑的同性恋一般。

事实上，面对黑人，一切都发生在性器官的层面。几年前，我们曾经在跟一些朋友讨论时提到，大体说来，白人对黑人的态度就像是哥哥看到弟弟诞生时的反应。之后，我们知道美国的理查德·斯特巴（Richard Sterba）也这么认为。在现象学的层面上，或许有一种双重现实值得研究。人们害怕犹太人，因为他们潜在的占有能力。"他们"到处都是，银行、股市、政府部门都充斥着犹太人。他们控制了所有事物。不久连国家也会属于他们了。他们在各种考试的录取名次排到了"真正的"法国人前头。不久他们就会在我们这儿定法规了。最近，就有一位报考行政学院的同学对笔者说："不管你怎么说，他们就是互相支持。例如莫克 ① 当权的时候，他任命的犹太猪多得让人感到惊骇。"在医疗领域，情况并没有不同。所有在各项考试中被录取的犹太学生都是"受到照顾的"——黑人呢，他们有的是性能力。想想看！像他们那么自由，在丛林野外！听说他们是到处上、随时上的。他们简直就是生殖器。孩子多得不想再数。我们可要小心点，不然就会被他们的小混血仔给淹没了。

很明显，所有事情都不对劲……

政府跟行政体系被犹太人所包围。

我们的女人又被这些黑人所包围。

---

① 译注：莫克（Jules Moch，1893—1985），法国政治人物。1937年到1958年间多次担任阁员，1947年到1950间担任内政部长。

因为黑人的性能力强得令人匪夷所思。这个词用得很准：这种能力就得要匪夷所思。思考这个问题的心理分析师很快就会找出所有精神官能症的机制。在这里，性忧虑压倒一切。所有我们见过有黑人恐惧的女性，她们的性生活都不正常：或是被丈夫抛弃；或是做了寡妇，却不敢找人代替亡夫；或是离了婚，却对新的投资对象犹豫不决。所有这些女性都赋予黑人以其他人（丈夫、短暂情人）所没有的能力。之后，又插入一个变态因素，幼儿期结构的延续：天知道他是怎么做爱的！肯定很恐怖。①

有个习惯用语，时间久了以后便奇特地带有色情意味，那就是黑人运动员。一位年轻女子对我们说，有种东西叫人心动。有位妓女对我们说，开始的时候，跟黑人上床的念头会带给她高潮。她故意找他们，甚至不向他们要钱。但是，她又补充说："跟他们上床并不比跟白人上床更美妙。我是在性交之前达到高潮的。我想着（想象着）他们可能会在我身上做的一切：那才是最棒的。"

同样是在生殖器的层面上，憎恨黑人的白人，会不会是受制于一种性无能或是性自卑的感觉？既然理想典型是绝对的阳刚，难道不会有一种相对于黑人的缩减现象，因为黑人被看成阴茎的象征？对黑人的私刑迫害，会不会是一场性复仇呢？我们都很清楚那些酷刑、折磨、殴打包含着什么性意涵。只要重

---

① 我们在马居斯的研究当中看到这样的观点：社会性精神官能症，或者说在面对任何他人时所表现的反常行为，与个人境遇有着密切的联系："问卷分析显示，反犹态度最强烈的个体都属于最具冲突性的家庭结构。他们的反犹思想乃是对在家庭环境里所受挫折的反弹。显示犹太人在反犹主义中也是一个替代对象，事实是，同样的家庭状况，依据各自的周遭环境，可以衍生出对黑人的仇恨、反天主教思想或是反犹思想来。因此，和习以为常的看法相反，我们可以说，是态度在寻找内容，而不是内容造成了态度。"（同前，页282）

读几页萨德侯爵①的书，就很容易明白了。黑人的优越性是不是真实的呢？大家都知道不是。但是重点不在这儿。恐惧者的前逻辑思维已经决定了这件事就是这样。②另一位妇女在读了《我会到你们坟上吐口水》之后产生了黑人恐惧。我们试着向她指出她态度的不理性，让她看到书中的白人受害者跟那个黑人一样变态。我们还补充说，这本书并不像书名所暗示的那样涉及黑人的诉求，因为作者是鲍里斯·维昂③。但最后我们只能承认所有的努力都无效。这位年轻女子什么都听不进去。任何读过这本书的人很容易就会了解这种恐惧的暧昧性何在。我们还认识一位学医学的黑人学生，他不敢为那些来妇科看病的病人作阴道触摸检查。有一天，他向我们坦承自己曾经听到来看病的一位女士说："里面有个黑人。他要是敢碰我，我就给他一耳光。跟这些人，谁知道会发生什么事。他的手一定很大，而且他一定很粗暴。"

如果我们想从心理分析的角度理解种族处境——这个并非整体上构想出来，而是由个体意识所体验的东西——就必须赋予性现象相当的重要性。针对犹太人，人们想的是钱及其衍生物。针对黑人，就是性。反犹主义可能就是在房地产的层面上

---

① 译注：萨德侯爵（le marquis de Sade, 1740—1814），法国作家，作品中描述了许多违反文明礼教的行为，后世以他之名创造了"性虐待"（sadisme）这个词。

② 若是采取夏尔·奥迪耶的视角，更准确的说法应该是"类逻辑的"（paralogique）："当涉及的是退转（régression），也就是说成人特有的过程时，我们可以采用'类逻辑'这个概念。"（《焦虑与神奇思想》，页 95）

③ 译注：鲍里斯·维昂（Boris Vian, 1920—1959），法国作家。他以韦尔农·苏利凡（Vernon Sullivan）的笔名，于 1946 年出版了一部模仿美国黑人小说的作品《我会到你们坟上吐口水》（J'irai cracher sur vos tombes），故事描述美国南部一位黑人的弟弟被控强暴而被白人私刑处死，他因伤痛而离开。由于皮肤较白，他被当成白人，落脚他乡。为了复仇，这位黑人找了一对出身上流社会的白人姐妹，加以凌虐杀害，最后自己也被吊死。这本书出版后喧腾一时，引起许多争议。

进行合理化。正因为犹太人会占据国家，所以他们才危险。最近，有位同学告诉我们，他不是反犹主义者，但他不得不承认大部分在战争期间认识的犹太人都很卑鄙下流。我们试着让他承认，在他的结论当中，有一种想要在任何可能的地方将犹太本质揪出来的坚决意志，但我们的努力终归无效。

在临床层面上，我们想起那位出现触觉妄想的年轻女孩的故事。自从有一天别人向她介绍一位犹太人之后，她就不停地洗手。

萨特已经出色地分析过反犹主义的问题，让我们试着看看黑人恐惧是什么情况吧。这种恐惧位于本能的、生物的层面上。我们甚至要说黑人是以他的身体妨碍了白人姿势图式的闭合，这自然是发生在黑人在白人的现象世界出现的那一刻。这里并不是要重提我们在思考一个身体的出现对另一个身体的影响时所得出的结论。（比如，设想一组四位十五岁的男孩，或多或少都属于运动型。跳高时，其中一位以一米四八获胜。突然又出现了第五个，跳过了一米五二，那么先前四个身体就遭受了一种结构破坏。）对我们来说，重要的是揭示出：只要涉及黑人，就开始了生物性的阶段。①

---

① 借助拉康的镜像阶段（stade du miroir）概念，值得我们追问的是，年轻白人在一般年龄阶段所建构的那个同类的意象（imago），当有黑人出现时，在何种情形下才不会遭受一场想象性的入侵。理解了拉康所描述的这个过程之后，我们对以下这点再也没有怀疑：白人真正的他者就是黑人，而且继续会是黑人。反之亦然。不过，对白人来说，他者是在身体形象的层面上被感知，被绝对地当成非我，也就是说无法识别者、无法同化者。对黑人，我们已经指出必须将历史和经济事实纳入考虑。拉康说："主体对镜中自身形象的辨认，这个现象对此阶段的分析具有加倍的重要性：这个现象发生在六个月之后，在这个时间点进行的研究，以证明的方式揭示了构成主体实在的各种原动力；镜像因为这些相似性，提供了这个实在的良好象征：其情感价值的象征，因为情感价值虚幻如影像；其结构的象征，因为镜像映现了人类的形体。"（《法兰西百科全书》，8—40，9和10）（转下页）

比如说，没有哪个反犹主义者会想到去阉割犹太人。要么

（接上页）我们会看到，这个发现具有根本的意义：每当主体瞥见自己的形象并向它致意，总是有某种"内在于他的心理一体性"被喝彩。在精神病理学上，比如说，假如去观察幻觉的妄想或是诠释的妄想时，我们总是会看到对这种自我形象的尊重。换言之，有那么一种结构性的和谐，一种在个体和他所移转的各种建构间的整体性，存在于错乱行为的每个阶段。除了可以将这个稳定性归因于情感内容，显而易见的是，对它视而不见是不科学的做法。每当出现了妄想症状，就一定会有自我的再生产。他者的介入，主要是在迪德（Dide）与吉罗（Guiraud）所描述的不安和怀疑阶段。所以黑人以色鬼或是凶手的形象出现也就毫不奇怪了。但是在建立确定性的系统化阶段，就不再有外来者存在的余地了。此外，我们要毫不迟疑地说，在某些妄想当中，黑人主题（当它不是居于中心位置的时候）跟其他现象，像是动物幻视（zoopsie）等具有同样的位置。雷尔米特曾经描述过身体意象的解放。在临床上，我们称之为自我图像幻视（héautoscopie）。雷尔米特说，这一现象出现得极为突然，甚至在一些正常人身上也会发生（歌德、泰纳等）。我们要指出，对安的列斯人来说，镜像幻觉永远是中性的。那些告诉我们曾在自己身上观察到这种现象的人，我们总会问一个问题："你当时是什么肤色？——我没有颜色。"还没完。在入睡前幻觉（les visions hypnagogiques）中，特别是在杜阿梅尔（Duhamel）以来被称为"无能化"（salavinisation）的现象里，同样的过程重复出现。在穹苍下行动、思考或是被赞颂的，并不是作为黑人的我。此外我们要建议那些对此结论有兴趣的人士，去读几篇十到十四岁的安的列斯孩子写的法语作文，题目是"放假前的印象"，他们写起来就跟真正的小巴黎人一样，我们可以发现如下的主题："我喜欢放假，因为我可以在田野上奔跑，呼吸新鲜的空气，回来的时候双颊粉嫩。"大家看到，我们说安的列斯人对自己的黑人质性认识不足，这并没有说错。我第一次见到塞内加尔人时大概是十三岁。当时我对他们的了解，主要来自一战老人们讲的故事："他们用刺刀攻击，要是不行的话，就握着匕首，往机关枪子弹里冲……他们砍人头，还储藏耳朵。"当时他们从圭亚那来，途经马提尼克。我们热切地四处寻找曾经听人提起过的制服：小圆帽和红腰带。父亲甚至到街上拉了两个带回家来，让全家人乐不可支。学校里弥漫着同样的气氛：我们的数学老师是个后备役中尉，一战时曾经率领过一队塞内加尔土著兵，他讲的事让我们惊悸不已："当他们祷告的时候，千万不能打扰他们，否则就没什么中尉不中尉的了。那可是些好打架的狮子，但一定要尊重他们的习俗。"这样一来，即使玛约特·卡佩西亚在梦里看到自己白里透红，我们也不再感到惊讶了，反而会说这种事很正常。

也许有人会反驳我们说，如果白人会塑造同类的意象，那安的列斯人应该也会产生类似的现象，而视觉感知则是这个塑造过程的草图。但是这种说法可能就忘了在安的列斯，感知永远处于想象的层面。在那里，人们是用白人的观念在感知他的同类。例如众人会说某某人"很黑"；在一个家庭里，不必讶异于听见母亲说："某某……是我的孩子里最黑的（转下页）

就杀掉他，要么就让他绝育。而黑人却要被阉割。阴茎这个雄性的象征被铲除，也就是说被否定。在此我们察觉到两种态度的差异。犹太人是在他的信仰人格、在他的历史、在他的种族、在他与先祖及后代的联系上受到伤害；就犹太人而言，人们要使他绝育，要砍杀其根；每当有一个犹太人遭到迫害，就是整个种族透过他而遭到迫害。对黑人的伤害却是在形体性（corporéité）上。他是作为具体的人而被凌虐。他是作为实际的存在而危险。对黑人性能力的恐惧取代了犹太祸害。玛诺尼在《殖民心理学》里写道："世界各地的种族主义者为了说服那些和他们意见相左的人，经常使用一个论点，因为它特别具有说明性，值得我们在此提出。这些种族主义者说：'什么！假如你有女儿要嫁，你会把她嫁给黑人吗？'我亲眼见到一些表面上看来丝毫没有种族偏见的人，却被这类论点给愣住而失去所有的批判意识。那是因为这样一种论据触及这些人身上极为混乱的（准确地说是乱伦的）情感，由于防卫反应而把这些情感推向了种族主义。"[1] 在继续讨论以前，我们认为有必要提出如下的意见：就算承认无意识中有乱伦的意向，为什么这些意向会特别

（接上页）一个"，也就是说最不白的一个……在此，我们能做的只有重述一位欧洲女同学在听了我们跟她谈起这件事时的看法：在人性层面上，这是真正的蒙蔽。让我们再说一次，所有安的列斯人都是参照白人的要素而被他的同胞感知。在安的列斯跟在法国一样，我们会碰到同一种神话；在巴黎，人们会说：他是黑人，但是他很聪明；在马提尼克也这么说。二战期间，一些瓜德罗普的老师来法兰西堡批改中学会考卷，由于好奇心的驱使，我们跑到他们下榻的旅馆去看 B 先生，他是位哲学老师，以奇黑无比而著称；就如同马提尼克不乏嘲讽意味的说法，他已经是"蓝色"了。又有某某家庭声名颇佳："他们很黑，但是人都很好。"还有位钢琴老师，音乐学院毕业的，还有女中一位教自然课的老师等等。至于父亲，他每天黄昏都会在阳台散步，众人说，到了某个时刻，我们就看不见他了。还有人说在乡下有户人家，遇到晚上停电的时候，小孩子必须开口笑，大家才会知道他们在哪儿。星期一，某些马提尼克的公务员穿上一身干干净净的白制服，用当地的象征说法来讲，就像是"一碗牛奶里的一颗李子干"。

[1] 奥克塔夫·玛诺尼，《殖民心理学》，页 109。

针对黑人而发呢？就绝对层面而言，一个黑人女婿究竟跟一个白人女婿有什么不同？在这两种对象当中，都有无意识的意向显露吗？为什么不认为，比方说，父亲之所以反对，是因为在他看来，黑人会把他的女儿带进一个他自己并未拥有那把钥匙、那些武器和那些属性的性世界呢？

智性上要有所获得，在性潜力上必有所失。文明化的白人，对那些非比寻常的性特权时代，对那饮酒纵乐的场景，对那些不被惩罚的强暴、不受压抑的乱伦，保有着非理性的眷恋。这些幻想在某种意义上，回应了弗洛伊德的生命本能。白人把自己的愿望投射到黑人身上，表现得就"如同"黑人真有这些愿望一般。遇到犹太人，问题很清楚：对他保持警觉，是因为他想占有财富，或是占据指挥位置。而黑人，他呀，被固定在生殖器上；或者至少是被人固定在那上面。有两个领域：才智和性。罗丹（Rodin）的"沉思者"要是勃起的话，肯定是个让人震惊的景象。要庄重有礼就不能处处都"硬着来"。黑人代表的是生物性的威胁。犹太人，是智性的威胁。

对黑人恐惧，就是对生物性恐惧。因为黑人就只是生物性的。那是野兽。他们赤身裸体。只有天晓得……玛诺尼又写道："试图在类人猿、凯列班，或是黑人，甚至犹太人身上找出半人半兽的神话形象，这种需要触及人类心灵，直触到心灵深处，^①在那里，思想混乱，性兴奋诡异地与侵略性及暴力这两股造成强大力量的原动力联系在一起。"^② 作者把犹太人也整合进这个序列，我们并不觉得有什么不妥。但此处的主角是黑人，他才是这个问题的专家：谁要是提到强暴，就是在说黑人。

---

① 在分析了醒梦所提供的答案之后，我们会看到，这些神话形象、这些"原型"，其实深藏在人的心灵当中。每次个人深入下降，就会遇上黑人，不管是具体或是象征的。

② 奥克塔夫·玛诺尼，《殖民心理学》，页109。

我们曾经在三四年间，询问了将近五百名白人，包括法国人、德国人、英国人、意大利人等。我们借助于一种信赖的语气、无拘束的状态，等到交谈对象完全不再害怕向我们倾诉，也就是他们已经相信不会激怒我们。在自由联想的过程中，我们把黑人这个词安插在其他二十多个词当中。近六成的回答如下：

　　黑人等同于生物性、性、强壮、运动员、有力、拳击手、乔·路易斯①、杰西·欧文斯②、塞内加尔土著兵、野蛮、动物、魔鬼、罪恶。

　　塞内加尔土著兵这个词让人想起：恐怖、血腥、结实、有力。

　　有趣的是，当黑人这个词出现的时候，五十个人当中会有一个回答：纳粹、秘密警察；一旦知道纳粹秘密警察这个形象的情感内涵是什么，便可以看出这个回答与前面那些答案的差别是微乎其微。再补充说明一下，有几位欧洲人协助我们向朋友提出同一问题：比例显著地上升。其原因恐怕在于我们自己的黑人身份：在无意识上，他们会有一定的保留。

　　黑人象征着生物性。首先，他们的青春期九岁就开始，十岁就有孩子；他们热情洋溢，他们的血刚强浓烈；他们个个都很强壮。就好像最近有个白人以略带苦涩的语气对我们说："你们的体格强壮。"这可是个好种，看看那些土著兵……在战争期间，不是有人把他们称作我们的**黑魔鬼**吗？……而且他们肯定很粗暴……我可不敢想象让他们的大手碰触我的肩膀，一想到

---

① 译注：乔·路易斯（Joe Louis, 1914—1981），美国拳击手，自 1937 年起连续卫冕世界拳坛重量级冠军宝座 25 次，前后达 12 年，在世界重量级拳坛历史上，无人能出其右。

② 杰西·欧文斯（Jesse Owens, 1913—1980），美国田径运动员。他于 1935 年在美国密歇根州打破 5 项世界纪录，并在 1936 年柏林奥林匹克运动会上获得 4 项金牌。

就让我浑身发抖。要知道有些个案必须逆向解读，如此我们就会明白这位如此高尚的女性之心思：其实她心里清楚地想象着，这就是折磨她那柔弱臂膀的强壮黑人。萨特说，当人们念出"年轻犹太人"这个词的时候，会冒出一股强暴、掠夺的想象气息……反过来我们可以说，在"健美黑人"这个词当中，有着一种对类似现象的"可能的"影射。人们从"年轻健美黑人"转到"年轻小马、种马"的速度之快，向来令我感到惊异。在《厄勒克特拉的哀悼》① 这部电影中，一大部分情节都立基在性竞争上。欧林（Orin）指责他的姐姐维妮（Vinnie）钦慕爱情岛上那些赤裸壮美的土著。他不能原谅她这件事。②

　　对现实的分析是很棘手的。一个研究者在面对自己的研究主题时，可以有两种态度：要么满足于描述，就像一些解剖学者一样，但当他们描写胫骨的时候，如果有人问一共有多少个前腓骨凹陷，他们全都睁大了眼睛。因为他们研究的从来不是

---

① 《厄勒克特拉的哀悼》(*Le deuil sied à Electre*)，美国导演达德利·尼科斯（Dudley Nichols）1947 年的作品，原片名 *Mourning becomes Electra*。原著由美国剧作家尤金·奥尼尔（Eugene O'Neill）于 1931 年根据古希腊剧作家埃斯库罗斯三联剧"俄瑞斯忒亚"改编而成，背景换成南北战争后的美国，故事描述曼侬于战争结束后回到家中，却被妻子和其情夫所谋害，曼侬一对孩子欧林和维妮为父亲复仇。

② 然而我们也要看到情况所具有的暧昧性。欧林也嫉妒他妹妹的未婚夫。在心理分析的层面上，行动呈现如下：欧林是位固着在母亲上的被抛弃恐惧者，因此无法将自己的力比多（libido）投注在真正的对象上。举例而言，看他在面对未婚妻时的行为表现就可以知道。维妮固着于父亲，所以向欧林揭露他的母亲背叛他。但是在这件事情上，大家可别搞错了。因为她是以一个起诉机关（一种摄取过程）在行动。面对背叛的事实，欧林把对手杀了。母亲以自杀来回应。而欧林的力比多因为需要以同样的方式被投注，便转向了维妮。事实上，维妮无论是行为还是外表都替代了母亲。这一点，可以说是这部电影编导成功之处。欧林所体会的是一种乱伦的俄狄浦斯情结。因此，我们也就明白了为什么欧林在听到他妹妹婚事的消息时，哀叹和批评的态度立即转变。但是在与那个未婚夫的斗争当中，他所遭逢的是感情，是情感性因素；而与黑人，与那些壮伟的土著，冲突却是处于性器官上、生物层面的。

自己的问题，而是别人的问题；在我们开始接受医学教育时，经历了几次令人恶心的解剖课，之后我们向一位有经验的硬汉请教如何避免这种不适的感觉。他很简单地回答："亲爱的，你只要当自己是在解剖一只猫，就会一切顺利……"另一种态度是，在描述现实之后，企图去改变它。此外，从原则上讲，愿意去描述似乎就意味着一种批判的关怀，并且会由此产生一种超越而指向某种解决方案的要求。各类官方文本或奇闻轶事已经创造了太多的黑人故事，多到众人无法不提。但若只是把它们汇集起来，并无法让阐明运作机制这项真正的任务向前推展。对我们来说，最重要的不是累积事实、行为，而是找出它们的意义。在这一点上，我们或许可以求助于雅斯贝尔斯，他写道："对单一案例的深入理解，常常让我们能够，在现象学上，普遍应用到无数案例。掌握过一次的东西，常常很快又再次出现。在现象学上，重要的并不是对无数案例进行研究，而是对几个具体个案做直观且深入的理解。"① 所以，在这里要提出来的问题如下：白人能不能健康地面对黑人，黑人能不能健康地面对白人？

有人会说，这是伪问题。但是，当我们说欧洲文化拥有的黑人意象导致所有可能产生的冲突，我们并没有脱离现实。在讨论语言那一章，我们已经说明了银幕上的黑人如何忠实地再现了这个意象。甚至连一些严肃的作家也成为这个意象的颂扬者。米歇尔·古诺② 曾写道："黑人的剑是一把利刃。当他用剑刃刺进你的妻子，她感觉到某种东西。那是一场启示。在他们留下的深渊当中，你的小玩意儿就没用了。管你怎么费劲，就

---

① 卡尔·雅斯贝尔斯，《心理病理学总论》，页49（Karl Jaspers, *Psychopathologie générale*, traduction Kastler et Mendousse, p.49）。

② 译注：米歇尔·古诺（Michel Cournot, 1922—2007），法国记者、剧作家、导演。

算你让汗水浸湿整间卧室，也只是像在唱歌一般。只好说永别
了……黑色的四肢伸开来能够塞满一座大教堂。他们要想出去，
必须等到一切都恢复正常；而待在这四壁之中，可也不是件轻
松的事。

"为了能够觉得自在，而又不引起任何麻烦，他们只好待在
户外。但是，还是有一场艰难的挑战等着他们：棕榈树、面包
树，还有许多别的大胆性情，无论如何是不可能软下来的，它
们竖立在那里，仿佛要直抵永恒，直抵那不可企及的高处。"①

将这一段文字读个十几遍，再让自己随想象遨游，任凭自
己跟随这些影像的运动，那就再也看不到黑人了，看到的只会
是一根器官：黑人被遮盖了。他变成了器官。他就是阴茎。我
们很容易就能想象这样的描写对一个里昂少女会产生什么样的
影响。恐惧？欲望？无论如何，不会是无动于衷。然而事实究
竟是什么呢？根据帕莱斯（Palès）博士的研究，非洲黑人阴茎
的平均长度很少超过十二厘米。而泰斯蒂② 在他的《人体解剖
学》（*Traité d'anatomie humaine*）一书中，也以相同数字说明欧
洲人的情形。但是这些事实无法说服任何人。白人坚信黑人是
头野兽；如果不是阴茎的长度，那就是性力量的强度让他震惊。
面对这个"异己"，他需要自我防卫。也就是要将**他者**特征化。
他者将是他的忧虑及欲望的载体。③ 前面提到过的那位妓女就

---

① 米歇尔·古诺，《马提尼克》，页 13—14（Michel Cournot, *Martinique*, Collection Métamorphose，Paris，Gallimard，1949，pp.13—14）。

② 译注：泰斯蒂（Léo Testut, 1849—1925），法国解剖学教授及医师、史前史学家及人类学家。

③ 某些研究者在接受了这些成见（从词源意义上讲的现成的意见）后，尝试说明为什么白人对黑人的性生活有偏差的理解。比如我们读到德·佩得拉尔（De Pedrals）一段论述，虽然他说的是事实，但还是把造成白人"看法"的深层原因放到一边。这段叙述如下："黑人小孩对于生殖现象既不觉得惊讶也不感到羞耻，因为他想知道的，大人都会让他知道。很明显，这个差异必然会对思考方式以及因此而来的行动方式产生影响，这点我们无需引证心理分析学精妙的理论就能知道。性行为向他呈现的方式就像（转下页）

150

曾告诉我们，她寻找黑人是从别人跟她讲了以下这个故事之后开始的：有个女人，某天晚上在跟一个黑人上床时失去了理智，就这样疯了两年，但治愈以后，竟然拒绝再跟别的男人做爱。这位妓女不知道是什么东西使那个女人发疯。但是，她狂热地试图再现那种状况，努力寻找那个不可言传的秘密。我们必须了解，她所追求的是一种断裂，一种在性的层面上对自己存在形式的消解。而每次与黑人的经验又会强化她的局限。这种高潮性狂想超出了她所能及的范围。她无法真正经历，才会用投身幻想的方式来报复。

关于这点，应该提出一项事实：白种女人在和黑种男人上床之后，就很难再接受白种情人。至少这是我们在男性身上特别会碰到的观念："谁知道'他们'给了她们什么呢？"事实上，谁知道呢？肯定不是他们。就这个主题，我们不能不引述艾蒂安伯尔的一段评论："种族的嫉妒挑起种族主义的罪恶：对很多白种男人而言，黑人正是那把神奇的剑，刺穿他们的女人，让她们从此变了样。我的统计资料并没有提供这方面的信息。然而我认识不少黑人，还有见识过黑种男人的白种女人，最后还有见识过白种男人的黑种女人。我也听过够多这方面的秘密，古诺先生以其才华为这样一种传闻加油添醋，我的认识让我为此感到遗憾，因为白人会一直从里头找出一个似是而非的论据：

（接上页）是再自然不过的事，若将生殖的目的纳入考虑，性行为甚至是最应该受到推崇的事；非洲人终其一生，脑子里都有这种观念，而欧洲人一生中却会在无意识中保持罪恶感的情结，无论是理性还是经验，绝对没有办法让它完全消失。因此，非洲人很自然地认为他的性生命只是他的生理生命的一支，就如同吃、喝和睡一般……我们可以想象，欧洲才智之士为了调解挣扎的意识、摇摆的理性和受制的本能等倾向而练习各种迂回策略时，那种观念是被排除在外的。由此产生一种并非天性或体质，而是观念上的根本差异。同样，在非洲人的生活中，生殖本能并没有我们的文学丰碑所围绕成的光环，因此丝毫不像在我们的生活中那样扮演主导要素。这点和**许多观察者只透过自己的分析来解释所见而得到的断言**相反。"（《黑色非洲的性生活》，页28—29。强调处为笔者所加。）

不可告人，却又启人疑窦，所以加倍有效。"①

清理现实是项艰巨无比的任务。我们搜集事实，加以评论，但是每写一行字，每提一个观点，我们都会有一种未完成的感觉。加布里埃·阿布西耶（Gabriel d'Arbousier）在批评萨特时曾写道："这部选集将安的列斯人、圭亚那人、塞内加尔人和马尔加什人都放在一起，造成令人遗憾的混淆。这么一来，等于把海外地区的文化问题，从每个地方具体的历史社会现实、民族特征以及由帝国主义的压迫剥削所强加在它们头上的不同境况分离开来。因此当萨特写道'单单透过对自己过往奴隶记忆的深入探究，黑人确认了痛苦是人所共有的命运，但人类并不因此而较不应该承受痛苦'，他是否意识到这样的说法对一个霍瓦人②、一个摩尔人③、一个塔吉人④、一个颇尔人，或是刚果或科特迪瓦的一个班图人来说，究竟意味着什么？"⑤

这个异议是有效的。它也触及了我们。起初，我们本想将讨论限定在安的列斯。可是辩证关系一点一滴地占回上风，我们不得不看到安的列斯人首先是个黑人。然而，我们不应忘记还有比利时籍、法国籍、英国籍的黑人，还有个黑人共和国。当这些事实向我们提出要求时，如何还能宣称要掌握一种本质呢？事实是，黑色人种是分歧的，它没有统一性。当墨索里尼

---

① 《论米歇尔·古诺先生的〈马提尼克〉》，《现代》，1950 年 2 月号（"Sur le *Martinique* de M. Michel Cournot"，*Temps Modernes*，février 1950）。

② 译注：霍瓦人（Hova），马达加斯加岛的土著族群。

③ 译注：摩尔人（Maure），分布于毛里塔尼亚、西撒哈拉、马里西部、摩洛哥南部等地区的族群。

④ 译注：塔吉人（Targui），即图阿雷格人（Touareg），撒哈拉地区的游牧民族。

⑤ 加布里埃·阿布西耶，《危险的迷思化：黑人性的理论》，《新批评》，1949 年 6 月号（Gabriel d'Arbousier，"Une dangereuse mystification: la théorie de la négritude"，*La Nouvelle Critique*，juin 1949）。

（Duce）的军队入侵埃塞俄比亚 ①，在有色人种之间引发了一场团结运动。但是，如果当时从美国开去一两架飞机支援被侵略国的话，也不会有任何黑人起而行动的。黑人拥有一个祖国，是某个联盟或是某个国协的会员。任何描述都应该落实到现象层面，但这里我们又回到观点无穷尽的问题。在黑人的普遍处境中有一种暧昧性，却在他具体的存在中消解了。由此，黑人在某种程度上跟犹太人联系起来。要对抗前面提到的各种障碍，我们只求助于一项明显的事实："无论走到哪里，一个黑人始终是个黑人。"

在某些国家，黑人进入了文化。但正如我们在前文提到的，我们不能不关注白人小孩接触黑人实在的方式。比如在美国，年轻的白人即使不住在南部，没有机会直接看到黑人，也能通过雷姆叔叔的神话了解黑人。在法国，人们可以举出《汤姆叔叔的小屋》。莎莉小姐和玛斯·约翰的小儿子满怀着混杂了恐惧和赞叹的感觉，听着兔子布瑞尔的故事。贝尔纳·沃夫把白人的这种双重性看作美国白人心理的主导因素。他甚至根据乔尔·钱德勒·哈里斯 ② 的个人传记，指出赞叹对应于某种白人对黑人的认同。我们都知道这些故事在讲什么。兔子兄弟几乎和其他动物都进行斗争，很自然地永远是胜利者。这些故事属于种植园黑人口传文学的传统。所以在兔子那讽刺意味极浓、警觉性极高的外表下，大家很容易就认出了黑人形象。白人为了

---

① 译注：意大利"领袖"（Duce）墨索里尼借口检查员在索马里亚（当时为意大利殖民地）和埃塞俄比亚边界被攻击，于1935年10月2日向埃塞俄比亚宣战，之后数月，动员40万人入侵这个在当时唯一尚未成为殖民地的非洲国家。意大利军队于1936年5月2日攻入首都，5月5日墨索里尼正式宣布将埃塞俄比亚并入意大利，埃塞俄比亚皇帝流亡日内瓦。

② 译注：乔尔·钱德勒·哈里斯（Joel Chandler Harris, 1848—1908），美国小说家。

抵抗自己无意识中的受虐心理，那让他们为兔子——黑人——的功绩而心醉神迷的受虐心理，便试着在这些故事中除去他们自己潜在的攻击性。正是由此，他们才会认为："黑人让动物表现得如同一种低于人类智能的序列，黑人自己可以了解的那个序列。所以黑人很自然地觉得，自己跟'低等动物'的联系远比跟白人的联系紧密，因为白人在许多方面都远远高于他自己。"另外一些人干脆就宣称这些故事并不是针对美国的黑人境况所做的反应，只不过是非洲的遗存。

沃尔夫给了我们解读这些说法的钥匙，他说道："很明显地，兔子兄弟是个动物，因为黑人应该是个动物；兔子是个外来者，因为黑人必须被标识成外来者，一直到他们的染色体都是外来者。从奴隶制度初始，南方人作为奴隶主，由于民主与基督精神而产生了罪恶感，导致他们将黑人定义为野兽，一个特性被'非洲'基因固定在原生质当中而无法改变的非洲人。如果说黑人被限定在一种人性的边缘状态，那不是因为美国，而是因为丛林中的祖先在体质上的低劣。"由此，南方人拒绝承认黑人在这些故事当中所注入的攻击性。但是，沃尔夫说，汇编这些故事的哈里斯是个精神病患者："他特别适合这项工作，因为他的脑袋装满了那些令南方，甚至在一定程度上令整个白人美国都为之焦虑不安的病态种族执念……其实，对哈里斯来说，就跟对许多美国白人一样，黑人在任何方面都像是白人自己那焦躁自我的反面：无忧无虑、平易近人、能言善语、肌肉放松，从来不受烦闷或消极所苦，袒露而不觉羞愧，在强烈的痛苦境遇中也不会自怨自艾，感情丰富……"但哈里斯一直觉得自己是个残废的人。沃尔夫也认为自己是个受挫的人——但不是按照传统的图式在受挫：而是在他的本质上有种不可能性，让他无法按照黑人的"自然"模式而存在。没有人禁止他：只是这件事对他而言是不可能的。并非受到禁止，而是无法达成。

正因为白人觉得自己被黑人所挫，因此他也要让黑人受挫，要将他束缚在各式各样的禁令当中。在这一点上，白人再次成为自己的无意识的受害者。

我们还是来听沃尔夫的解释："雷姆的故事是南方暧昧性的一方碑石。哈里斯这个典型的南方人寻求黑人的爱，并宣称他已获得（雷姆的微笑）。① 但他同时也在受虐狂的无意识狂欢中寻求对黑人（兔子兄弟）的仇恨，并以此为乐——或许是在惩罚自己不是黑人，黑人的刻板典型，慷慨的'赠与者'。南方的白人，或许绝大部分的美国白人，在他们与黑人的关系中，难道不是经常这样在行动吗？"

有一种对黑人的寻求，人们需要黑人，人们不能没有黑人，人们需要他，却要他以某种特定方式被调味。不幸的是，黑人拆除了系统，违反了条约。白人会起而反抗吗？不，他会自我调整。沃尔夫说，这解释了为什么许多关于种族问题的著述都成为畅销书。② "没人是被迫去消费那些黑人跟白种女人做爱的故事（《深根》（*Deep are the roots*）、《异果》（*Strange fruit*）、《雷姆叔叔》），白人发现自己是黑人的故事（《皇家血脉》（*Kingsblood royal*）、《失去的边界》（*Lost boundary*）、《雷姆叔叔》），白人被黑人勒死的故事（《土生子》、《如果他叫，就放他走》、《雷姆叔叔》）……我们可以大规模地在我们的庶民文化中包装并展示黑人的露齿笑容（grin），就像为受虐狂罩上大衣：用抚摸给攻击加点糖。正如《雷姆叔叔》所表明，种族游戏在此处有一大部分是无意识的。当白人为这个刻板化的露齿笑容的微妙内涵感到兴奋时，他并没有意识到自己的受虐倾向；就如同黑人在把这个刻板印象转换为文化棍棒时，也没有意识到

---

① 雷姆叔叔这个人物是哈里斯创造的。这位忧郁且过分温柔的老奴隶，带着那永恒的笑脸，是美国黑人最典型的形象之一。

② 还有近十年来，许多以黑人为题材的电影，然而制作人都是白人。

自己的施虐倾向。或许白人比黑人更没有意识到这点。"①

在美国，就如我们所见，黑人在能够施展攻击性时就会惹是生非；白人的无意识将这种攻击性转向自己，由此达成对它的认可及推崇，从而复制了受虐狂的经典模式②。

现在我们可以做个小结。对于大多数的白人来说，黑人代表了（未经教化的）性本能。黑人体现了位于道德与禁忌之上的生殖力。白种女人们，经由真正的诱导，通常会发觉黑人站在那道不可触知的门前，门通往巫魔夜会、狂饮乱舞、充满性幻想……的王国，我们已经显示，事实证明所有这些信仰都是站不住脚的。但这件事位于想象层面，无论如何是在类逻辑的层面上。白人派给黑人一种邪恶的影响力，那是他在智性上倒退，因为我们已经证明了他是用八岁的心智年龄（图画书……）在感知。这当中难道不会同时有退转并固着到性发展过程中前生殖阶段的现象？或是自我阉割？（黑人被理解成有根让人惊骇的性器官。）或是由于对黑人雄性性能力优势地位的认可而产生的被动性？我们看到有许多有趣而值得提出的问题。比如，有些男性会跑到一些"院"里找黑人鞭打自己；有些被动型的同性恋者会寻找黑人伴侣。

另一种解答方案可能如下：首先是对黑人的施虐型侵略性，然后是相关国家的民主文化对此一行为施加惩罚所引起的罪疚

---

① 贝尔纳·沃夫，《雷姆叔叔和他的兔子》，《现代》第 43 期，1949 年 5 月（Bernard wolfe, "l'oncie Rémus et son lapin", *Temps Modernes*, n° 43, mai 1949）。

② 在美国，当有人要求解放黑奴时，常常会听到有人说："他们就等着这个机会好冲向我们的女人。"由于白人以侮辱的方式对待黑人，他知道自己若是处于黑人的位置，是不会对压迫者有任何同情心的。所以看见他认同黑人也就不令人惊讶了：白人爵士乐团、蓝调歌手、灵魂歌手，白人作家在小说中以黑人主角来表达怨恨，白人在将自己涂黑。

情结。于是这种侵略性便转由黑人承担，由此出现了受虐心理。但是有人会说，您的模式是错的：我们并没有找到古典的受虐心理要素。或许那是因为事实上，这个状况并不古典。但无论如何，这是能够解释白人受虐行为的唯一方式。

不管事实究竟如何，从启发性的观点来分析，我们希望对"有个黑人强暴了我"这种幻想提出解释。海伦·多伊奇 ①② 和玛丽·波拿巴 ③④ 两人都承续了弗洛伊德关于女性性意识的观点，并将它用在自己的结论上。在她们的研究之后，我们知道，女性先是在阴蒂、阴蒂-阴道等两种类型之间交替转换，继而进入纯阴道的类型。由于女性以一定程度的交错方式，同时保有被当成被动性的力比多，以及她的攻击性，跨越了双重的俄狄浦斯情结，因此在其生理与心理发展完结时，才能达到精神-心理整全状态所能实现角色的崇高精神。然而，我们不能不提到某些故障者及某些固着。

玛丽·波拿巴认为，与阴蒂阶段相对应的是一种主动的俄狄浦斯情结，尽管主动与被动两者的关系并非相继而是共存。在女孩子这边，攻击性的去性化（la désexualisation de l'agressivité）不像男孩子那么成功。⑤ 阴蒂被看成缩短了的阴茎，但是女孩子不管具体事物，只认质性。她是以质性的观点在理解现实。就如同小男孩一样，女孩子身上也存在着指向母亲的

---

① 《女性心理学》(*Psychology of women*)。
② 译注：海伦·多伊奇（Hélène Deutsch, 1884—1982），原籍波兰，在维也纳接受医学教育，曾接受弗洛伊德的分析。1934年移民法国，曾担任波士顿心理分析协会主席，她对女性特质及女性性欲的研究特别受到瞩目。
③ 《女性性意识》(*De la sexualité de la femme*)。
④ 译注：玛丽·波拿巴（Marie Bonaparte, 1882—1962），法国心理分析学发展的主要推动者之一。
⑤ 玛丽·波拿巴，"女性性意识"，《法国心理分析学刊》，1949年4—6月号（Marie Bonaparte, "De la sexualité de la femme", *Revue française de Psychanalyse*, avril-juin 1949）。

冲动；她也想要插入母亲的肚子。

然而我们要问，难道在女性特质得到最终实现后，这种幼儿期幻想就不会继续存在？"一个女人对男性粗暴游戏的强烈厌恶，可能正是雄性申明和过度双性特质的烙印。这样的女人有可能就是一个阴蒂型女人。"[1] 我们对这件事的看法如下。首先小女孩看见自己的对手被父亲打，父亲正是具有攻击性的力比多。在五岁到九岁这个阶段，父亲维持着力比多这一极，以某种方式拒绝担负起小女孩无意识中要求他的攻击性。此时这种被解放的攻击性，没有着落，要求一种填补。由于儿童是在这个年龄，以众所周知的方式进入民俗和文化，所以黑人就变成这种攻击性命定的代理者。

进一步深入这座迷宫，我们会发现：女性经历被黑人强暴的幻象，是以某种方式在实现一种个人梦想、一个私密愿望。这其实是女性以一种对抗自我的行为在自我强暴。有个确切的证据，就是常常会有女性在性交过程中对伴侣说："搞死我吧。"她们所做的是在表达这个想法：搞死我吧，如果换成我在你的位置上，我会这样搞的。被黑人强暴的幻想是这种表现的变体："我希望黑人能插入我的身体，就像我想插入一个女人那样。"在接受了我们对白种女人性心理状态所做的结论之后，大家或许会问我们对有色女人又有什么看法。对此我们一无所知，但至少可以指出，对许多可以称为"近似白女"的安的列斯女人而言，攻击者的形象是由类型化的塞内加尔人所代表，或者无论如何，也会是由一个（被认为低贱的）下等人来代表。

黑人是生殖器。全部的问题就在这里了吗？不幸的是并非如此。黑人还是其他的东西。在这一点上，我们又碰上了犹太人。性把我们分隔开来，但是我们有个共同点：都代表**恶**。黑

---

[1]　玛丽·波拿巴，同前，页180。

人更是如此，道理正在于他是黑的。在象征上，人们不是常说清白的司法、明白的真理、洁白的圣母吗？我们就听过一个安的列斯人在谈到另一个安的列斯人时说道："他的身体是黑的，他的语言是黑的，他的心一定也是黑的。"这个逻辑，白人每天都在体现它。黑人是**恶**与**丑**的象征。

亨利·巴鲁克[①]先生在新版的《精神病理学纲要》[②]中，描述了他称之为反犹太精神病的症状：

"我们有个病人，其妄想之粗俗与淫秽超过了法语包含的所有可能，其形式呈现出一些很明显的鸡奸影射，[③]主体为了避开内在的羞耻感，将其转嫁到犹太人这个代罪羔羊的身上，号召对他们施加屠戮。另一个病人，由于一九四〇年的事件而患了急性错乱，呈现出反犹太观念的突发妄想，其程度如此剧烈，以至于有一天，他在一家旅馆，因为怀疑隔壁房间的旅客是个犹太人，半夜冲进那个人的房里将他打昏……

"另一个病人，体质本就孱弱，又患了慢性结肠炎，经常因为健康状况不佳而被羞辱，结果他把病因归咎于之前曾经待过的一家医院的护士，说她们用'细菌汤'在他身上下了毒。以他的说法，这帮护士都是反教权者兼共产党，想要惩罚他的天主教信仰和想法。到了我们医院，避开了那帮'工会人员'，他

---

① 译注：亨利·巴鲁克（Henri Baruk, 1897—），法国精神病医师。

② 《精神病理学纲要》，页371（*Précis de psychiatrie*, Paris, Masson, 1950, p.371）。

③ 在此简要地指出，我们未曾在马提尼克见过明显的鸡奸现象。我们都了解同性恋的图式，所以这一状况应该是安的列斯群岛没有俄狄浦斯情结的结果。但是我们还是要指出当地那些"扮女男"或是"我大姐"等人的存在。他们大多数时候穿着一件上衣、一条短裙。但是我们相信他们拥有正常的性生活，和任何一个彪形大汉一样地大口喝着潘趣酒（le punch），对卖鱼卖菜女人的魅力也并非毫无所感。相反地，在欧洲，我们见过几个同学变成了鸡奸者，总是被动型。但全然不是精神官能症型的同性恋，那只是他们的权宜之计，就好像别的人会去当皮条客一样。

又觉得自己从狼窝掉到虎口——他落到犹太人的手里。既然是犹太人，从定义上来说，就只能是个强盗、魔鬼，是什么坏事都做得出来的家伙。"

这个犹太人，面对突如其来的攻击性，必须表明自己的立场。这便是萨特所描述的暧昧性。《对犹太问题的思考》一书的某些段落，乃是我们所读过最美的篇章。之所以是最美的，正在于这些段落表述的问题深深触动了我们的肺腑。①

犹太人，不管是真还是不真，都会落得"坏痞子"的骂名。事实是，不管他做什么，都会反过来和他自己作对。因为犹太人的身份是自我选择而来的，他有时会忘记自己的犹太性，或是掩盖它，甚至自我欺瞒。那是因为他承认了雅利安系统的有效性。有善有恶，恶就是犹太人。一切犹太的都是丑陋的。不要再当犹太人了，我不再是犹太人了。打倒犹太人。——往往这些人就是反犹太最激烈的人。就像巴鲁克那位患有被迫害妄想症的病人，有一天看见他佩戴了一颗黄星，就用轻蔑鄙夷的态度对他嚷叫："我跟你说，我呢，我可是法国人。"还有一位女患者"在我们的同事达戴医师的诊疗处接受治疗，有一天她

----

① 我们特别摘出这段："这个人便是这样，被人追捕，被迫在一些虚假问题的基础上，在虚假的情境中选择自己，被围绕他的社会那种充满威胁性的敌意剥夺了形而上的意义，被逼迫到一种绝望的理性主义中。他的生命不过是一场在他人和自己面前长期的逃遮，他的一切都被异化，甚至他的身体也是如此，他的情感生活也被砍成两半，被迫在一个排斥他的世界里，追寻一个不可能的梦想——普同性的博爱。是谁的错呢？是我们的眼睛，把他想要藏匿起来的那种难以接受的形象投回给他。是我们的话语、我们的行为——我们全部的话语、全部的行为，我们的反犹太言行，同时也包括我们那种屈尊俯就的自由主义论调——将他毒害直至骨髓；是我们迫使他选择做了犹太人，**不管他是悄然逃避，还是高声宣称**，是我们将他逼入真或不真的两难境地……这类人，比其他类型的人更见证了人，因为他是生于人类内部的次级反应，这种失去神恩、漂泊无根的人类之精萃，从根源上就注定要走向不真或殉道。在这样的情境下，我们当中没有哪一个不是有罪之人，甚至是罪无可赦；纳粹所倾倒的犹太鲜血，洒落在我们每个人的头上。"（页177—178）

在一栋馆舍里见到别的病人嘲笑、讲另一位犹太教徒的坏话，一位非犹太裔的女病人帮她说话。结果那位病人竟然轻蔑地对待替犹太人说话的女病人，劈头盖脸地骂了她许多反犹太的恶言恶语，还叫人把那个犹太女人赶走"。①

这是一个很好的反动现象的例子。犹太人为了回应反犹主义，竟然自己要做一个反犹主义者。这就是萨特在《缓刑》(*Le Sursis*) 中所揭示的现象，书中，毕农夏兹（Birnenschatz）自我否定的强度几乎可说是谵妄发狂。我们很快就会看到，用这个词一点都不过分。到巴黎来的美国人，看见那么多白种女人和黑人在一起时都感到惊讶。西蒙娜·波伏瓦在纽约和理查德·赖特② 上街，竟然被一个老太太教训了一通。萨特说：在这边是犹太人，在别处则是黑人。总之，就是要找个代罪羔羊。巴鲁克说的其实也是同样的意思："人类只有在学会抛弃代罪羔羊情结之后，才有可能从仇恨情结中解脱出来。"

过错、罪咎，对罪咎感的拒斥，被迫害妄想，又把我们带回到同性恋这个问题上。总而言之，对犹太个案所做的描述，完全可以用在黑人身上。③

善／恶、美／丑、白／黑：都是这个现象的典型对偶概念，借用迪德（Dide）和吉罗（Guiraud）的说法，我们可以称之为"谵妄发狂的善恶二元论"。④

---

① 巴鲁克，同前，页 372—373。
② 译注：理查德·赖特（Richard Wright, 1908—1960），美国小说家，黑人。1947年定居巴黎。
③ 玛丽·波拿巴如此写道："反犹主义者将自己或多或少无意识的不良本能全都投射到犹太人身上……如此一来，他们将负荷从自己背上卸下来，洗刷了自己的罪恶，好让他们在自己眼里显现出纯洁的光辉。犹太人最适合用来当魔鬼的投影……美洲的黑人也同样承担着这样一种固着的功能……"（《战争神话》(*Mythes de guerre*) 第一卷，页 145。）
④ 《临床医师的精神治疗学》，页 164（*Psychiatrie du médecin praticien*，Paris, Masson, 1922, p.164）。

只看到一种黑人，还把反犹主义和黑人仇视看成同一件事，这似乎是此处分析所犯的错误。我们曾对某人谈起这个研究，那人问我们有何期待。自从萨特那部决定性的研究《文学是什么？》(*Qu'est-ce que la littérature?*)（"处境"第二册〔Situations Ⅱ〕）发表以来，文学便越来越投注于唯一真正当前的任务——让群体进入反省与沉思：这项工作试图作为进步的下层结构的镜子，好让处于去异化过程中的黑人可以反照自身。

没有"起码的人性"，就没有文化可言。知道班图人认为"**猛凸**（Muntu）是指原力（Force）"，[①] 这对我来说并不重要——要不是因为其中有些细节让我觉得不自在，至少我应该会有兴趣的。当我们在别处读到以下内容，对班图本体论的各种思考究竟有什么意义呢？

"当七万五千名黑人矿工在一九四六年罢工时，警察用步枪和刺刀逼他们回去工作。二十五人死亡，数千人受伤。

"史穆特（Smuts）在当时担任政府首长以及和平会议的代表。在白人的农场里，黑人农工几乎过得和农奴一样。他们可以携家带眷，但若没有主人的允许，任何男子都不准离开农场。若是有人胆敢这样做，那就通知警察将他强行带回并鞭打……

"按照'土著行政法规'，总督作为最高首长，对非洲人有独裁的权力。他可以颁布政令，逮捕并拘留任何被判定会对公共安宁造成危险的非洲人。他可以在任何土著区禁止超过十人以上的聚会。对非洲人而言，没有什么'人身保护法'。随时都会有大肆搜捕，而且根本没有逮捕令。

"南非的非白人处于一条死路之中。种种现代的奴役形式使他们无法躲开这场灾难。特别是对非洲人而言，白人社会打碎了原有的世界，却没有给出新的世界。白人社会破坏了非洲人

---

① 唐佩尔，《班图哲学》(R. P. Tempels, *La philosophie bantoue*)。

生存的传统部落基础，在封闭了通向过去的路径之后，又挡住了通往未来的道路……

"种族隔离试图禁止他（黑人）作为独立自由的力量来参与现代历史。"①

请原谅我们做了这么长的引述，但它可以让某些关于黑人可能产生的错误更为明显。例如阿利翁·迪奥普（Alioune Diop）在《班图哲学》的导论中指出，班图人的本体论不曾遭遇欧洲这种形而上学的困境。然而他由此所做的推断还是很危险的，他说："这里提出的双重问题是，黑人的才能是否应该用来培育那些形成其特性的东西：那种灵魂的青春，那种天生对人对物的尊重，那种生命的喜悦，还有那种安详，并非通过对人的扭曲和对道德洁净的苛求才得来，而是与生命幸福的庄严自然达成的和谐……我们也自问，黑人可以为现代世界带来什么……我们能说的是，甚至文化被看成革命意志这个观念本身，都与我们的天性相反，而进步这个观念也是如此。只有当我们对生命这个自然素材有所不满，进步才会萦绕在我们的意识之上。"注意！重点并不是要在班图思想中找出存在，因为班图人的生存处于非存在、不可称量的层面。② 当然，班图哲学不可能从一种革命意志来加以理解：但这正是因为，作为一个封闭的社会，班图社会中找不到用剥削者取代**原力**的本体论关系的替换。然而，我们都知道班图社会已经不存在了。而种族隔离一点也不本体论。这样的丑闻已经够了。

一段时间以来，人们大肆谈论黑人，甚至有点太过。黑人

---

① 史基纳，《南非的种族隔离》，《现代》，1950 年 7 月（I. R. Skine, "Apartheid en Afrique du Sud", *Temps Modernes*, juillet 1950）。

② 参见阿兰·帕东（Alan Paton），《哭吧！那亲爱的故土》（*Pleure, ô pays bien-aimé*）。

希望人们忘掉他，以便汇聚起自己的力量，自己真正的力量。

有一天，他说："我的黑人性并非塔楼……"

这个追寻普同的黑人，却有人跑来要将他希腊化、俄耳甫斯化……他在追寻普同！一九五〇年六月，巴黎的旅馆仍然拒绝接受黑人朝圣者投宿。为什么？很简单，因为盎格鲁-撒克逊客人（既富有又仇黑，如众所周知）可能会因此搬走。

黑人追求的是普同，但是，在屏幕上，众人完整不动地维持着他的黑人本质，他的黑人"天性"：

> 永远的仆人
> 永远卑躬屈膝、面带微笑
> 我，从不偷盗，从不撒谎
> 巴娜尼亚好棒，直到永远……

黑人将自己普同化，可是在巴黎的圣路易中学，却有个黑人学生被驱逐出校门，因为他竟敢读恩格斯。

这件事里有种悲剧，黑人知识分子有陷溺其中的危险。

什么？我刚睁开曾被人蒙上的眼睛，就有人要把我淹死在普同里？其他人呢？那些没有"半点嘴巴"、没有"半点声音"的人呢……我需要沉陷在自己的黑人性中，需要看见灰烬、隔离、压迫、强暴、歧视、抵制。我们需要亲手碰触那些纵横交错在黑色皮肤上的所有伤口。

我们已经可以想见，阿利翁·迪奥普在追问黑人天性会在普同性的大合唱中占据什么样的位置。然而我们要说，一个真正的文化是不可能在目前条件下诞生的。当人找回他自己真正的位置，再来谈黑人天性吧。

我们要再一次求助于塞泽尔；我们希望更多的黑人知识分子能从他那里得到启发。我也必须对自己重复说："特别是，我的身体啊，还有我的灵魂啊，你们千万不要袖手旁观，因为生命不是一场表演，因为苦痛之海并非一座舞台，因为呐喊的人不是一头跳着舞的熊……"

我继续清点现实，致力于确定那象征结晶化（la cristallisation symbolique）的时刻，于是我自然来到了荣格心理学的门前。欧洲文明的特点就在于，在荣格所谓的集体无意识当中，存在一种原型：邪恶的本能、内在于所有**自我**的晦暗、未开化的野蛮人、沉睡在所有白人身上的黑人。荣格声称在每个未开化民族身上都观察到同样一种心理结构，正如他的概念图式所呈现的。我个人认为荣格搞错了。更何况所有他知道的民族，像是亚利桑那的普韦布罗（Pueblos）印第安人，或是英属东非肯尼亚的黑人，都曾经跟白人有过创伤程度不一的接触。我们在上文曾经提到，安的列斯年轻人在他们的**无能化**（salavinisation）① 当中永远不会是黑人；我们已经试图指出这个现象有什么意涵。荣格将集体无意识定位在遗传的脑物质之中。但集体无意识用不着求助基因，它只不过是某个特定群体的成见、神话、集体态度的总和。例如，在以色列定居的犹太人，在未来百年之中会形成的集体无意识，必然和他们在一九四五年被驱逐出境的那些国度里曾有过的集体无意识不同。

就哲学讨论的层面，我们要在此提出本能与习惯这个老问题：本能，是天生的（大家都知道这种"先天性"应该作何理解）、不变的、特有的；习惯，是后天获得的。在这个层面上，我们要做的就是指出荣格将本能与习惯混为一谈。在他看来，集体无意识与脑结构相互联系，神话与原型是人类持续存在的记忆痕迹。希望我们已经证明了事实并非如此，实际上这种集

---

① 英译本译者注：Salavin 是乔治·杜阿梅尔（Georges Duhamel, 1884—1966）创造的人物，是无能者的原型：平庸的人，瞬间冲动的动物，永远是自己的幻想的受害者。

体无意识是文化性的，也就是说是后天获得的。就好像一个喀尔巴阡山区的年轻人，在区域的物理化学条件下会看到在他身上出现黏液水肿一样；同样，勒内·马朗这样一个黑人，在法国生活过，呼吸、吞食了种族主义欧洲的神话和偏见，吸收了这个欧洲的集体无意识，如果他分身看自己，只会看到自己对黑人的仇恨。必须走慢点，要逐步厘清这些以整体形式出现的复杂机制，是件悲惨的事。

大家是否能了解以下这个命题呢？在欧洲，**恶是由黑所代表**的。必须走慢点，我们知道，但很困难。刽子手是黑人，撒旦是黑色的，大家会说黑暗，变脏就是变黑……它既适用于身体的肮脏，也适用于道德的肮脏。要是我们花力气把那些以黑为罪恶的表达法收集起来，必然会对数量之多感到吃惊。在欧洲，无论是在具体上还是在象征上，黑人都代表人格不好的那一面。只要还没有理解这个命题，再怎么谈"黑人问题"还是无济于事。黑暗、幽黑、阴黑、昏黑、黑夜、地底迷宫、无底深渊、抹黑；另一边：纯真莹澈的目光、和平的白鸽、天堂仙境般的光明。一位极美的金发孩子，这句话充满了多少和平、多少欢乐，特别是多少希望啊！一位极美的黑孩子，那全然不可比拟：从字面上来看，就是件全然荒诞的事。总不至于要我再提那些黑色天使的故事吧。在欧洲，也就是在所有文明和教化者的国度里，黑人象征着罪恶。劣等价值的原型是由黑人来代表的。我们在德苏瓦耶（Desoille）的"醒梦"（rêve éveillé）中所看到的，正是同样一组对立关系。比如，要如何解释，无意识在反映低劣品质的时候会被染成黑色呢？在德苏瓦耶这个案例当中，情况比较明白——这句话不是在玩文字游戏——问题向来就在于要上升还是要下沉。我一下沉，看到的是野蛮人在洞穴石窟中舞蹈。但千万别搞混了，比如在德苏瓦耶讲述过的一场醒梦当中，我们见到一些高卢人在洞穴里。但是别忘了，高卢人还是头脑简单的好人……高卢人在洞穴里，听起来很亲切，这或许是"我们祖先高卢人"所造成的后果……我相信要理解某些心理事实，就必须重新变成儿童。在这点上，荣格是个开创者：他想走向世界的青春期。但他犯了个特别的错误：他只走向欧洲的青春期。

在欧洲无意识的最深处，形成了一轮过度黑暗的新月，沉睡着最不道德的冲动和最难启齿的欲望。因为所有人都朝向白色和光明上升，所以欧洲人试图排拒这种企图自我防卫的未开化成分。当欧洲文明和黑色世界及其野蛮民族接触之后，大家取得一致的意见：这些黑人便是恶的原质。

荣格惯常把陌生事物等同于晦暗和坏倾向：他完全有道理。这个投射机制，或者说移转机制，已经由古典精神分析所描述。当我在自己身上发现某些怪诞离奇、会受指摘的东西时，只有一种解决办法：摆脱它，将这层亲缘关系归于别人。如此我便终止了一道可能危害我的平衡的紧张回路。在醒梦当中，头几场分析时必须小心，因为下沉启动得太快并不是件好事。在与无意识建立联系之前，主体必须先了解升华的机制。假如在第一场分析就出现了黑人的话，一定要马上摆脱掉；为此，你可以给你的病人一架梯子、一条绳子，或是请他任由自己被螺旋桨带走。黑人肯定只能待在他的洞穴里。在欧洲，黑人有一种功能：就是代表劣等的情感、邪恶的倾向和灵魂的阴暗面。在西方人类的集体无意识当中，黑人，或者说黑色，象征着邪恶、罪孽、贫困、死亡、战争、饥荒。所有猛禽都是黑的。在马提尼克，在这个从集体无意识来看乃是欧洲的地区里，当一个深色的黑人拜访您，大家会说："他带来了什么样的灾难？"

集体无意识并不依附于脑质遗传：它是我称之为未经反思的文化强制所造成的后果。所以，一个安的列斯人在接受醒梦法的分析时，会经历跟欧洲人同样的幻想，这就没有什么好讶异的了。因为安的列斯人的集体无意识跟欧洲人是一样的。

如果大家明白了之前所说，就能够得出如下的结论：安的列斯人有仇视黑人心态是很正常的。通过集体无意识，安的列斯人把欧洲人的原型变成自己的。安的列斯黑人男性的阿尼玛①几乎都是一个白种女人；同样地，安的列斯人的阿尼姆斯②也总是一个白种男人。因为在阿纳托尔·法郎士③、巴尔扎克④、巴赞⑤或是其他“我们的”小说家笔下，没有提到这位就在眼前却朦朦胧胧的黑种女人，也没有提到双目炯炯有神的深色阿波罗……但我还是泄漏了自己，我说到了阿波罗！没办法：我是个白人。我在无意识当中提防自己身上黑的东西，也就是说我存在的整体。

我是个黑人，但很自然地我并不知道这点，因为我是存在为黑人。在家里，母亲用法语对我唱着法国的浪漫故事，里面从来都与黑人无关。当我不听话、太吵闹的时候，大家会告诉我不要“扮黑鬼”。

之后我们阅读白人的书，逐渐吸收了从欧洲来的偏见、神话和民俗。但是我们并非什么都接受，因为有些偏见在安的列斯群岛并不适用。譬如，反犹主义就不存在，因为没有犹太人，或者是太少了。无需援引集体宣泄的概念，我很容易就能证明黑人不自觉地便将自己选为可能承载原罪的对象。对于这个角色，白人会挑选黑人，而黑人，因为是个白人，也会挑选黑人。安的列斯黑人是这种文化强制下的奴隶。在当过白人的奴隶之后，他又自我奴役。从各个角度来看，黑人都是白人文明的受

---

① 译注：阿尼玛（anima）是指男性无意识中的女性原型意象。
② 译注：阿尼姆斯（animus）是指女性无意识中的男性原型意象。
③ 译注：阿纳托尔·法郎士（Anatole France，1844—1924），法国诗人、小说家、评论家。
④ 译注：巴尔扎克（Honoré de Balzac，1799—1850），法国小说家。
⑤ 译注：巴赞（Hervé Bazin，1911—1996），法国小说家。

害者。所以，安的列斯诗人的艺术创作没有任何独特的印迹，也就一点都不奇怪了：他们都是些白人。回到精理病理学，我们要说黑人经历着极度精神病的暧昧。在二十岁，也就是说集体无意识已经差不多察觉不出，或至少很难再带回意识层面的年纪，安的列斯人会发现自己生活在一场错误之中。为什么会这样？很简单，这点很重要，安的列斯人知道自己是黑人，然而经由一种伦理上的滑移，他又发现（集体无意识）人只有在是坏蛋、是懦夫、是恶棍、是莽夫的时候才会是黑人。所有与这些做黑人的存在方式相对立的，都是白的。安的列斯人的黑人仇视，其根源就在于此。在集体无意识当中，黑等同于丑陋、罪恶、蒙昧、不道德。换句话说，谁不道德，谁就是黑人。假如在生命中，我是以一个有道德的人的方式在行事，我就绝不是一个黑人。所以，在马提尼克，人们才会习惯性地说一个坏白人有个黑人的灵魂。肤色不算什么，我甚至不会注意到它，我只认一件事，就是我意识的纯净和灵魂的洁白。就像有人说："我，纯白似雪。"

文化强制很容易在马提尼克施展。伦理上的滑移不会遇到障碍。但是真正的白人在等着我。一逮到机会，他就会对我说，光有白的意愿还不够，要实现白的整体才行。只有在此刻我才会意识到背叛。让我们下个结论，在集体无意识上，在一大部分的个人无意识上，以及在几乎整个个体化的过程上，安的列斯人都是白的。但他的肤色是黑的，荣格只字未提这点。所有的不理解都来自这种混淆。

当塞泽尔在法国攻读文学学士的时候，他"重新发现了自己的懦弱"。他知道那是一种懦弱，但他从来没能说出为什么。他感觉很荒谬、很愚蠢，我甚至要说很不健康，但是我们无法在他任何著述中找到这种懦弱的机制。那是因为他必须让眼前的情境虚无化，并尝试用儿童的心灵来理解真实。电车上的黑人可笑又丑陋。可以肯定的是，塞泽尔也觉得好笑。因为在这个真正的黑人和他之间没有任何共同之处。在法国的白人圈子里，有人引介了一个俊美的黑人。如果这是一个知识分子圈，可以肯定的是，这个黑人会尽力让自己被接受。他要求别人不去注意他的肤色，而是注意他才智的强度。在马提尼克，很多人在二三十岁时开始研读孟德斯鸠 ① 或克洛岱尔 ②，唯一的目的就是要引用他们的文句。因为，他们打算透过对这些作者的认识，让别人忘记他们的黑。

道德意识意味着一种分离、一种意识断裂，明晰的那一部分会与黑暗的那一部分相互对立。要有道德，就必须让黑暗、幽冥、黑鬼从意识中消失。所以，一个黑人无时不刻都在与自己的形象战斗。

同样地，如果我们同意埃纳尔先生关于道德生命的科学观念，如果病态的世界要从**过错**、**罪疚**来加以理解，那么一个正常的个体将会是一个已经卸下这种罪疚感的人，或者至少也是一个不再承受这种罪疚感的人。更直接地说，所有个体都应该将他的劣等要求、他的冲动，转嫁到他所属那个文化的恶灵头上（我们已经看到那就是黑人）。这种集体罪疚感是由约定俗成被称为代罪羔羊者所承担。而白人社会，建立在进步、文明、自由主义、教育、光明、精致等神话上，其代罪羔羊正是那反对扩张、反对这些迷思胜利的力量。而这种粗暴的、对抗的力量，正是由黑人所提供。

在安的列斯社会的神话和第戎或尼斯 ③ 的神话都一样，年

① 译注：孟德斯鸠（Charles de Secondat Montesquieu, 1689—1755），法国哲学家。
② 译注：克洛岱尔（Paul Claudel, 1868—1955），法国诗人和剧作家。
③ 译注：第戎（Dijon）是法国中部城市，尼斯（Nice）是法国地中海岸城市。

轻的黑人认同于文明教化者，将黑人当成自己道德生命的代罪羔羊。

　　我是在十四岁的时候，明白了我现在称之为文化强制（l'imposition culturelle）的心理机制之效力。我有个同学，现在已经去世了，他父亲是意大利人，娶了马提尼克女人，在法兰西堡定居二十多年了。别人都把他当成安的列斯人，但是私底下，又都记得他的原籍。然而在法国，意大利人在军事上一文不值；一个法国人抵得过十个意大利人；意大利人不勇敢……我的同学出生在马提尼克，而且只跟马提尼克人交往。有一天，蒙哥马利 ① 在班加西 ② 击败了意大利军队，我想在地图上确认盟军前进的路线。面对大片赢得的土地，我兴奋地叫道："你们可输惨了！……"我的同学，因为无法不承认自己父亲的出身而尴尬。我也是。我们两个都是文化强制的受害者。我敢肯定，谁明白了这个现象及其全部的后果，就会明确地知道该往哪个方向寻找解决办法。听听反抗者的声音吧：

　　"它在涌起……从大地的深处涌起……黑潮涌起……呼啸的浪头……野兽气息的沼泽……翻起赤足的暴风雨……其他更多的赤足一直钻动着，从山径疾奔而下，攀爬在流着淫荡而野性的激流的陡坡，那些激流使混乱江河、恶臭大海、抽搐汪洋更加粗野，在屠刀与劣酒漆黑的狂笑中……"

　　明白了吗？塞泽尔下沉过了。他愿意去看深处发生了什么，现在他可以上升了。他已准备好迎接拂晓。但是他不会将黑人留在底下。他将黑人放在肩头，捧到天上。在《还乡笔记》中，

---

① 译注：蒙哥马利（Bernard Law Montgomery，1887—1976），英国将领，在第二次世界大战盟军敦刻尔克撤退后，他指挥英国东南防务，继而于1942年9月被任命为驻埃及的第八军军长，于北非击破德军将领隆美尔建立的防线，攻抵利比亚首都，与自由法国将领勒克莱尔会合。1943年率盟军登陆意大利西西里岛及本土。

② 译注：班加西（Benghazi），北非利比亚临地中海的城市。

他已经提醒过我们。以巴什拉 ① 的用语来说，② 他所选的是上升型心理（psychisme ascensionnel）：

> ……
> 为此，白齿的领主，脖颈脆弱的人
> 接受并感知这致命的、三角形的平静 ③
> 并把我的舞蹈给我
> 我那些坏黑人的舞蹈
> 把我的舞蹈给我
> 打破枷锁之舞
> 逃脱牢狱之舞
> 做黑人又美又好又正当之舞
> 把我的舞蹈给我
> 跳过我手中球拍上的太阳
> 是啊，不平等的太阳对我已经不够
> 吹卷吧，风啊！围绕在我新的生长之四周吹卷吧
> 停驻在我整齐的指间
> 我要交付给你我的意识和它肉身的韵律
> 我要交付给你烧灼着我的脆弱的熊熊大火
> 我要交付给你奴隶的锁链
> 我要交付给你沼泽
> 我要交付给你那三角路线的非旅者
> 吞噬吧，风啊！
> 我要交付给你我粗鲁的言语
> 吞噬吧！吹卷吧！

---

① 译注：巴什拉（Gaston Bachelard，1884—1962），法国哲学家。
② 《气与梦》（*L'air et les songes*，Paris，Corti，1943）。
③ 译注：三角形是指在欧洲、非洲、美洲三者之间形成的贩奴贸易路线。

在吹卷中以更大的战栗拥抱我

直拥抱到愤怒的我们

拥抱吧！拥抱我们吧！

但同样也咬住我们

直到我们流出血中之血

拥抱吧，我的纯洁只和你的纯洁相连

那就拥抱吧

像一片笔直的木麻黄

夜　我们多彩的纯洁

连结吧，无悔地连结我吧

用你宽阔的臂膀，将我和明亮的黏土相连吧

将我黑色的震颤与世界的肚脐相连吧

连结吧，连结我吧，激烈的博爱

然后，用群星连成的套马索勒住我

上升吧，白鸽

上升吧

上升吧

上升吧

我跟随着你，印现在我祖传的

白色角膜上

升起了天空的舔舐者

以及我曾想沉没其中的大黑洞

另一个月亮

现在我就要在那里

在它静止的光滑表面上

垂钓黑夜那不祥的语言！①

①　埃梅·塞泽尔，《还乡笔记》，页94—96。

我们知道为什么萨特会把黑人诗人采取马克思主义的立场，看成是黑人性在逻辑上的必然结局。事情其实是这样的，我发现黑人是罪的象征，便开始憎恨黑人。但我又看到自己是个黑人。要避开这一冲突有两个解决办法。要么就要求别人不去注意我的肤色，要么就反过来让大家都看到。于是我尽力抬高那坏东西的价值，因为，我曾经不假思索地接受了**黑色**是邪恶的颜色。在这个精神官能症的情境中，我终需选择一种不健康的、冲突的、充满幻想的、敌对的、非人的解决办法；要终结这个情境，只有一条出路：飞越他人在我四周搬演的这出荒诞剧，抛开这两种同样不可接受的解决办法，经由人类的个殊，朝向普同而去。当黑人下潜，也就是下沉的时候，会发生一些不同寻常的事。

请再听听塞泽尔的声音：

> 呵！呵！
> 他们的力量非常稳固
> 已获得
> 被需要
> 我的双手浸没在欧石楠蕨草中
> 在喁喁的稻田里
> 我的葫芦装满了繁星
> 但我好虚弱。啊！我好虚弱。
> 帮助我吧。
> 这会儿我又重新面临变形边缘
> 被淹没，被蒙蔽
> 害怕自己，恐惧自己
> 诸神……你们不是神。我自由了。

反抗者：我和此夜有个约定，二十年来我一直感觉到她朝着我轻柔地呼唤……①

在找回这个夜，也就是找到他的认同之意义后，塞泽尔首先看到：

"将树脚涂白是没有用的，底下树皮的力量会呼喊……"

然后，一旦在自己身上发现白人，他便杀了他：

"我们冲破了大门。主人的房间大门敞开，灯火通明，主人很安静地在那里……我们的人都停了下来……那是主人……我进去了。是你，他很安静地对我说……是我。我回答他，的确是我，善良的奴隶、忠诚的奴隶、奴性的奴隶，突然他的双眼变成了两只在雨天受惊的蟑螂……我拍打下去，血液四溅：这是我今天唯一记得的洗礼。"②

"通过一次意想不到而有效益的内在革命，现在他要荣耀自己那令人却步的丑陋。"③

还有什么好说的呢？在走到自我毁灭的极限之后，黑人要慎密地或爆发地跳进"黑洞"中，"从那样一种紧绷状态，发出让世界的基础为之动摇的黑人伟大呐喊"。

欧洲人知道，也不知道。在反思的层面上，一个黑人是一个黑人；在无意识当中，却清楚地钉着野蛮黑人的形象。我可以给出不止十个，而是上千个例证。乔治·穆南④在《非洲存在》

① 埃梅·塞泽尔，《诸犬禁声》，收于《神奇的武器》，页144和122（A. Césaire, *Et les chiens se taisaient*, tragédie, dans *Les armes miraculeuses*, Paris, Gallimard, 1946, pp.144 et 122）。

② 同前，页136。

③ 同前，页65。

④ 译注：乔治·穆南（Georges Mounin, 1910—1993），法国语言学家。

中说："还好我不是在社会学课堂上透过列维-布留尔 ① 的《原始心灵》(*Mentalité primitive*) 来认识黑人的；更概括地说，我很幸运能透过阅读之外的方式来认识黑人，对此我一直感到庆幸……"②

穆南，大家不会把他当成一般的法国人，他补充了一点，直接赞同了我们的观点："我在其中或许赚到了：在大家都还不明就里的时候，就明白了黑人是跟我们一样的人……我在其中或许赚到了机会，让我这个白人永远可以跟黑人自然相处，而不需要从民族学调查者的位置，愚蠢而微妙地面对他，因为那常常是我们那令人难以忍受的要别人安分的方式……"

在同一期《非洲存在》中，埃米尔·德蒙甘 (Emile Dermenghem) 这位不可能会被怀疑有黑人仇视心态的学者写道："我对孩提时代有个记忆是，参观一九〇〇年世界博览会那次，我最关心的是去看一个黑人。我当时的想象很自然受到了阅读的刺激，像《十五岁船长》(*Capitaine de quinze ans*)、《罗伯特历险记》(*Les Aventures de Robert*)、《利文斯顿的旅行》(*Les Voyages de Livingstone*)。"

埃米尔·德蒙甘告诉我们说，这件事显示了他对异国情调的喜好。虽然我准备将我的双手放在他的手中，相信写这篇文章的德蒙甘，但我还是要请他允许我怀疑一九〇〇年博览会的那个德蒙甘。

---

① 译注：列维-布留尔 (Lucien Lévy-Bruhl, 1857—1939)，法国社会学家。他在对"原始民族"的道德、心智、宗教进行一系列研究后，区分了原始心智状态和现代心智状态，前者是前逻辑的、神秘的，后者是理性客观的。此一观点引起许多批评，他本人于 1949 年在《笔记》(*Cahiers*) 中进一步答辩时指称：所有人类都会有神秘思想，但在原始人身上更容易看得到。

② 乔治·穆南，"对'黑人神话'调查的初步回答"，《非洲存在》，第 2 期 (Georges Mounin, "Premières réponses à l'enquête sur le 'Mythe du nègre'", *Présence Africaine*, n°2)。

我后悔自己重提别人谈了五十年的话题。写文章谈论一份黑色友谊的可能性是一种宽厚，但不幸的是，那些黑人仇视者和其他一帮王公贵族对宽厚根本毫无所感。当我们读到："黑人是野蛮人，要指挥野蛮人只有一个方法：踹他屁股。"在书桌前我们想着："这些愚蠢言行应该要统统消失。"对于这一点，大家都同意。仍然是在《非洲存在》（第五期）上，雅克·奥莱特（Jacques Howlett）如此写道："此外有两件事，似乎也造成了黑人被远隔在他者的世界中，与我没有共通性：他的肤色和他的赤裸，因为我想象黑人是裸体的。当然，有些表面因素（其实很难说这些因素在何种程度上，不会继续盘旋在我们新的想法或修正过的观念上），有时也会重新覆盖这个遥远的、黑色的、赤裸的、几乎不存在的生命；像是头戴小圆帽、咧嘴微笑的善良黑人，某种巧克力餐点的标志；还有那个老实勇敢的塞内加尔士兵'命令的奴隶'，卑微渺小的堂吉诃德，所有那些属于'殖民史诗'的'天真无邪的英雄'；最后还有那'有待改宗'的黑人，大胡子传教士的'顺服子民'。"

雅克·奥莱特在他的文章中又告诉我们，出于一种反应，他将黑人当成天真无邪的象征。他给了我们理由，但我们不得不想到他不再只有八岁，因为他跟我们谈论"性意识的愧疚感"及"唯我论"（solipsisme）。而且我相信这种"大人的天真无邪"，雅克·奥莱特已经将它远远抛开，远远抛在身后。

毫无疑问，最有意思的还是米歇尔·所罗门 [1] 的证词。不管怎么辩解，他还是发出一股种族主义的恶臭。他是犹太人，有"千年的反犹主义经历"，但他仍然是个种族主义者。听他怎么说："但是，基于黑人的皮肤和毛发、他所散发出的这种肉欲气

① 译注：米歇尔·所罗门（Michel Salomon, 1927—2020），法国皮肤科医师。

息等事实，若要否认说并没有什么自发出现的吸引性或排斥性的尴尬，那就是以一种向来无用又荒谬的假正经之名在拒绝承认明显的事实。"在这篇文章稍后的段落，他甚至跟我们谈论起"黑人那惊人的生命力"。

所罗门先生的研究告诉我们他是个医生。那他应该对这些非科学性的文学观点保持警惕。日本人和中国人的生育力是黑人的十倍：他们是否也因此性感起来了呢？还有，所罗门先生，我要向您招认：当我听见一个**男人**说另一个男人"他好性感"，没有一次不让我感到恶心。我不知道一个男人的性感是什么东西。想象一个女人说另一个女人："这个尤物实在太撩人了……"所罗门先生，黑人既没有从他的皮肤也没有从他的毛发散发出什么性感的气息。只不过长远以来，这个生物性的-性的-性感的-生殖器的黑人形象，日日夜夜强迫您接受，您没能跳脱它。眼睛不止是镜子，而且是矫正镜。眼睛应该要能让我们改正文化上的错误。我说的不是双眼，而是眼光，我们知道那指的是什么；不是头盖骨上的裂缝，而是那道非常均匀的微光，它弥漫在凡高（Van Gogh）的红色之上，从柴可夫斯基（Tchaïkowsky）的协奏曲中滑出，绝望地紧抓住席勒（Schiller）的《欢乐颂》，任由自己被塞泽尔那蠕虫一般的怒吼所负载。

黑人问题不会化约成黑人在白人当中生活的问题，而是黑人被资本主义、殖民主义社会所剥削、所奴役、所蔑视的问题，这个社会是白色乃是意外。所罗门先生，您问道"假如在法国有八十万黑人"，您会怎么做；那是因为对您来说有一个问题，黑人上升的问题，黑祸的问题。马提尼克人是法国人，他想留在法兰西联盟① 中，马提尼克人只要求一件事，就是那些蠢人和

---

① 译注：1944年"布拉扎会议"之后，戴高乐领导的"自由法国"意识到殖民地问题的严重性，遂着手规划改善母国与殖民地关系的方案。1946年，第四共和国成立，同时设立了"法兰西联盟"（l'Union Française）（转下页）

那些剥削者能让他有活得像人的机会。我很愿意看见自己消失、淹没在一片由萨特或阿拉贡 ① 这样的人所构成的白潮之中，我只求如此。所罗门先生，您说假正经没什么好处，我们同意您的观点。但是我也不觉得娶欧洲女子就是在放弃自己的人格；我要向您表明我并不是在干"欺骗的交易"。如果有人闻嗅我孩子的气味，如果有人检查他们指甲的月牙斑，那只是因为社会还没有改变，诚如您所说的那样原封不动地保留着它的神话。那我们呢，我们拒绝以"要么就……要么就……"的方式来看待这个问题。

黑人民族、黑人国籍究竟在说什么？我是法国人。我关心的是法兰西文化、法兰西文明、法兰西民族。我们拒绝把自己看成"旁边的"，我们就在法国历史遭遇的中间。当有些人，虽然并非根本上的坏人，但因为被蒙蔽而入侵法国，想要奴役它，那我作为法国人的职责将向我指明，我的位置不是在旁边，而是在问题的核心。我切身关注法兰西命运、法兰西价值、法兰西民族。我要一个黑色帝国干什么？

乔治·穆南、德蒙甘、奥莱特、所罗门都愿意回应关于黑人神话起源的调查。他们都使我们相信了一件事——对黑人实在的真正掌握，必须透过消解文化结晶化（la cristallisation culturelle）来进行。

最近我在一份儿童刊物上读到一句话，配了一张图，图上有个黑人童子军在向三四个白人童子军介绍一个黑人村落："这就是我的祖先用来烹煮你们祖先的大锅。"大家都愿意承认，食

（接上页）作为连结法国与各殖民属地及保护国的制度框架。联盟设有仅具咨询功能的议会，但并未真正改变母国与殖民地的关系，既未给予殖民地人民与母国公民相等的政治权利，也未接受渐进的自治或独立路线。随着去殖民过程，法兰西联盟逐步瓦解。

① 译注：阿拉贡（Louis Aragon，1897—1982），法国作家和诗人。

人族黑人已经不存在了，但是让我们记得这件事……此外，严格说来，我认为作者不知不觉中还帮了黑人一个忙。因为读了这份刊物的年轻白人，不会想象黑人正在吃白人，而是曾经吃过白人。毫无疑问，这是种进步。

在结束本章之前，我们要转述由圣伊利精神病医院妇女部主治医师所做的观察。我们受惠于这位医师，他的观察可以澄清我们在此处辩护的观点。它显示出，甚至黑人迷思、黑人这一概念，都足以造成真正的异化。

B 小姐，一九某某年三月入院时十九岁。诊断书填写如下：**"本人 P 医师，为巴黎医院前住院实习医师，证明已对 B 小姐进行检查。该患者出现躁动、失衡、惯性抽搐、意识状态癫痫等神经错乱症状，无法控制。因错乱症状日益加剧，患者无法享有正常社会生活，必须住院观察。本院依据一八三八年颁布的法令，接受患者自愿住院申请，特此证明。"**

由主治医师开立的二十四小时观察证明：**"十岁时突然发生惯性抽搐神经官能症，随着青春期及离家工作而加剧。暂时性沮丧及焦虑，伴有症状反复加剧现象。肥胖。要求治疗。在陪伴下感到安心。门诊部病人。留院观察。"**

在个人病史中，我们看不到任何的病态过程。只有十六岁进入青春期这件事引起我们的注意。身体检查也没有异常，唯有脂肪蓄积、皮肤略有浸润，可能是轻度内分泌不足。月经期规律。

经过交谈，明确指出以下几点：

＊特别是在我工作的时候，抽搐才出现。（患者寄宿，因此没有和父母住在一起。）

＊眼部和前额抽搐；气喘、嚎叫。睡眠良好，没有梦魇，饮食良好。在月经期不会紧张易怒。躺在床上入睡之前，面部抽

搐频繁。

*看护意见：特别是在她一个人的时候。在和别人共处或谈话的时候比较不明显。抽搐的情形要看她做什么而定。先是拍打两个脚板，接着对称地提脚、抬腿、举臂、耸肩。

*一个字一个字地发出声音，从来都听不懂她在说什么。最后变成含糊不清的强烈叫喊。当大家叫她，叫声就停了下来。

*主治医师开始进行醒梦治疗。先前一次谈话显示有一种呈现为恐怖圈圈的幻觉存在，我们请患者谈谈这些圈圈。

以下是第一次治疗报告的片段：

这些圈圈很深，像同心圆一样，随着黑人达姆鼓的节奏变大或变小。这种达姆鼓声让她想起失去父母，特别是失去母亲的危险。

于是我请她在圈圈上画上十字架的符号，圈圈还是没有消失。我让她拿一块抹布把圈圈擦掉，圈圈就消失了。

转向达姆鼓这一边，她四周环绕着半裸的男男女女，跳着恐怖的舞蹈。我告诉她，不要害怕，走进舞蹈圈子里。她照着做。那些跳舞的人立刻就变了样。成了一个明亮的聚会。男男女女都穿着盛装，跳着一曲华尔兹舞：雪花之星。我让她靠近圈圈，但她已看不见圈圈。我让她回想那些圈圈，它们再度出现，但都断开了。我让她从开口的地方进去。她自发地说：我已经不再整个被围住，我可以再走出来。圈圈断成两半，接着碎成好几块。最后剩下两块也消失掉了。她在叙述过程中，喉部和眼部出现许多抽搐。

一系列的治疗使机能躁动平静下来。

另一场治疗的摘要：

我让她回想那些圈圈。看不见。接着又出现。圈圈断了。进到里面。圈圈碎裂，升起，接着一个接一个缓慢地掉进虚空中。我叫她听达姆鼓声。听不见。

呼唤它。听见它在左边。

我向她提议，让一位天使陪她往达姆鼓声走去：她要自己一个人去。然而有个人从天上降下来。是个天使。他面带微笑，将她带到达姆鼓旁。那里只有一群黑人，围着一团大火跳舞，看上去很凶恶。天使问她，这些人要做什么：他们要烧死一个白人。到处找这个人。找不到。

啊！我看见他了。是个五十来岁的白人。衣服脱了一半。

天使和黑人头目交涉（因为她害怕）。黑人头目说这个白人不是本地人，所以要烧死他。但是他没做什么坏事。

他们将他放了，重新欢乐地跳起舞来。她拒绝加入舞蹈中。

我叫她去和头目交涉。头目一个人跳着舞。白人已经不见了。她想和她的天使离开，到某个让她觉得像在自己家里的地方，和她的妈妈及兄弟姐妹在一起。

惯性抽搐消失了，我们停止治疗。几天后我们再看到病人，又复发了。治疗报告：

又是那些逼近的圈圈。她拿起一根棒子。圈圈碎成小块。这是根神奇的魔棒。

把那些铁块变成一种非常美丽、闪亮的物质。

走向一堆火：是那些跳舞黑人的火堆。想要认识头目。朝他走去。

那停止跳舞的黑人又跳起舞来，但节奏不同。她让人牵着手绕着火堆跳舞。治疗显著地改善了病人的状况。她写信给父母，接待访客，去看医院安排的电影。她参加团体游戏。有位女病患在楼阁里用钢琴弹着华尔兹时，她还邀请另一位女病患共舞。她的病友们都很敬重她。

我们从另一场治疗记录撷取以下的段落：

再次想到圈圈。它们碎了，但只有一块，右边少了一块。那些最小的圈圈是完整的。她想打碎这些小圈圈。她把这些圈圈拿在手里扭着；圈圈断了。然而还剩一个小的。从中间穿过去。另一头一片漆黑。不怕。叫人来，她的守护天使从天而降，亲切和善，面带微笑。天使把她带到阳光下，在右边。

醒梦治疗在这个案例中获得相当可观的效果。但只要病人独自一个人时，惯性抽搐就会再出现。

我们不想把讨论延伸到这个心理-神经症的下层结构。主治医师的询问让人明显看到，有一种对于想象的黑人之恐惧，在十二岁时体验到的恐惧。

我们曾经和这位病人多次交谈。

在她十或十二岁的时候，她的父亲，"前殖民官"，喜欢听黑人音乐节目。家里每天晚上都回响着达姆鼓声，在她上床睡觉后仍不停息。

另一方面，我们已经说过，正是在这个年纪出现了黑人-野蛮人-食人族的形象。

中间的联系关系，很容易就能辨识出来。

还有，兄弟姐妹们发现了她的弱点，喜欢吓她取乐。

躺在床上，耳里响着达姆鼓声，她真的看见了黑人。她躲在被单下发抖。

然后就出现一些越来越小的圈圈，将那些黑人盖住。

我们再次看到，这些圈圈就是对抗幻觉的防卫机制。

今天，即使没有黑人，圈圈也会出现。防卫机制已经可以不管决定因素而产生作用。

我们见到病人的母亲。她确认了女儿的说法。病患是个很容易激动的人，十二岁起，便经常躲在床上发抖。我们在诊疗部的出现并没有引起精神状态任何明显的改变。

今天，单只圈圈就能引发机能现象，像叫喊、面部抽搐、手脚乱舞。

即使我们承认体质因素有部分的影响，但很明显，这种异化是黑人恐惧的后果，这种恐惧则被特定的环境所强化。虽然患者明显好转，我们仍然怀疑她能够很快重拾社会生活。

第七章　黑人和承认

A. 黑人和阿德勒

　　"不论从哪个方面着手进行心因性病态的分析，我们马上就会面对以下的现象：所有的精神官能症，以及它们所有的症状，都像是被一个终极目标所影响，甚至就像是这个目标的投射。我们可以将这个终极目标当成一种构成原因（formative cause），一种引导、整理、协调的原则。想了解病态现象的'意义'和方向，却不去考虑这个终极目标，马上就会处于一团由倾向、冲动、弱点、反常所形成的混乱中，这团混乱让某一群人感到沮丧，却会挑动另一群人的大胆欲望，让他们不计代价地穿透黑暗，即使最后空手而归或只带回虚幻成果。相反地，如果承认在现象背后藏有终极目标或是一种因果目的性，如果承认这个假设，我们马上就会看到黑暗消散，阅读患者的心灵也就会像阅读一本开启的书。"①

　　大体而言，我们这个时代最令人惊愕的骗局，正是在类似的理论立场上搭建起来的。让我们把性格障碍心理学应用到安

---

① 阿尔弗雷德·阿德勒，《精神官能症性格》，页 12（Alfred Adler, *Le tempérament nerveux*, p.12. 英译注：原篇名 "Der nervöse charakter", in *Festschrift William Stern*, Leipzig, Barth, 1931）。

的列斯人身上。

黑人就是比较。这是首要的事实。他们就是比较，意思是说他们无时无刻不关心着自抬身价和自我理想（idéal du moi）①。每一次和他者接触，就会出现价值和才能的问题。安的列斯人没有自己的价值，总是附属于他者的现身。总是有比我不聪明、比我黑、比我差的问题。所有关于自我的位置，所有关于自我的定位，都与他者的溃败维持着依赖关系。我的男子气概，正是建立在周围人们的溃败之上。

我要向阅读本书的马提尼克人提议进行以下实验。从法兰西堡的道路中，选出最"比较"的一条来。舍尔歇路、维克多·雨果路……当然不会是弗朗索瓦·亚拉哥路。②接受这项提议并完成试验的马提尼克人，只要不会因为看到自己暴露无遗而发怒，就会赞同我的意见。一个安的列斯人在见到五六年不见的同学时，会用挑衅的态度打招呼。这是因为彼此在过去已经有了既定位置。处于卑下地位的人要自抬身价……处于优势地位的人则要坚持阶序关系。

"你都没有变……还是这么蠢。"

我认识一些人，即使他们是内科医生和牙医，却继续用十五年前就已经形成的错误判断彼此谩骂，而且他们用来攻击危险者的，比概念性的错误还要厉害，是"克里奥尔主义"。一劳永逸地制住对方，没有什么好再做的了。安的列斯人表现的

---

① 译注：指主体所认同并尽力要与其相符的理想范型。
② 译注：1855 年雨果（Victor Hugo，1802—1885）去世数个月后，法兰西堡原来的"大路"（Grande Rue）更名为"雨果路"。自此以后，法兰西堡原有街道名称逐渐被呼吁废奴、主张共和、反对教权的知名人物的名字所取代。弗朗索瓦·亚拉哥（François Arago，1786—1853），法国天文学家、物理学家和政治人物。他曾在 1848 年 2 月革命后成立的临时政府中担任战争及海军部部长，对殖民地废奴有所贡献，他的名字取代了原来的"新路"（rue Neuve），成为法兰西堡的街道名称。

特征便是支配他者的欲望。他的导向线经由他人那里通过。问题总是在主体，大家一点也不关心客体。我试着在他者的眼中读出仰慕，假使不幸地，他者向我反照出令人厌恶的形象，那我就贬抑这面镜子：这个他者一定是个蠢货。我不想赤裸地面对客体。客体在个体性和自由上被否定。客体是工具。他必须能让我实现我主观上认为的安全。我把自己看成完满（完满的愿望），不承认任何的分裂。进到舞台的他者只是为了要妆点舞台。主角，是我。不论你们报以掌声或批评都无所谓，我就是中心。如果他者提升自己价值的愿望（他的妄想）让我感到忧虑，那我会不经审讯就将他驱逐。他不再存在。别再对我提起这个家伙。我不要承受客体的冲击。和客体的接触会导致冲突。我是自恋的水仙，要在他者眼中读到让我满意的自我形象。同样是在马提尼克，在一个圈子（环境）里，有拔尖的"魄雷"、①"魄雷"身边的人、（等待着的）无足轻重的人以及被羞辱者。那些遭到羞辱者被无情地践踏。众人推测着支配这块丛林的情绪动向。没有方法能够从那里逃脱。

自我，只有自我。

马提尼克人渴望安全。他们要让自己的假想被承认，要在自己对男子气概的愿望里被承认。他们要显现。他们每一个人都构成一粒孤独的、贫瘠的、锐利的原子，在清楚划定界限的通道上，他们每一个人都存在（est）。每一个人都想要存在（être），都想要显现（paraître）。所有安的列斯人的行动都经过**他者**。这并不是因为他者就如阿德勒 ② 所描述，是他的人性交流

---

① 译注：此处法农的用字是"pélé"，可能是由马提尼克岛北部的魄雷山（La Montagne Pelée）衍生而来，这座活火山高 1397 米，为全岛最高点。不论此处法农所指涉的意义源头为何，都在指某人成为某个人际互动圈的核心人物。

② 阿尔弗雷德·阿德勒，《认识人性》(Connaissance de l'Homme)。

行动的终极目标，而是因为他者才能肯定他，满足他提升价值的需要。

现在我们已经找回安的列斯人的阿德勒式导向线，剩下来要做的就是找出它的原点。

困难在此处浮现。实际上，阿德勒创造的是一种个体心理学。然而方才我们看到的自卑感是安的列斯式的。并不是哪一个安的列斯人呈现出精神官能症的结构，而是所有的安的列斯人。安的列斯社会是一个精神官能症的社会，是一个"比较"的社会。因此，我们从个体回到社会结构。即使有缺陷，那也不是在个体的"心灵"，而是在环境的心灵。

马提尼克人是精神官能症者，但有精神官能症的并不是一个人。如果我们严格地应用阿德勒学派的学说，我们会说黑人试图抗议他在历史上感受到的卑下。由于黑人从来就是卑下者，因此他试着用一种自大情结（complexe de supériorité）来反抗。这正是布拉什菲尔德（Brachfeld）书中得到的结论。作者引用安德烈·德·克拉拉蒙特（André de Claramunte）的西班牙剧作《勇敢的弗兰德黑人》（*El valiente Negro de Flandres*）来讨论种族自卑感。我们可以看到，黑人的卑下并非始于本世纪，因为克拉拉蒙特和维嘉 ① 是同时代的人。

> 若要成为一位真正的骑士，他所缺的只有肤色……

而黑人胡安·德·梅利达（Juan de Mérida）如此表示：

> 在这世上当一个黑人是多么的羞耻啊！

---

① 译注：维嘉（Lope Félix de Vega Carpio，1562—1635），西班牙知名的剧作家，剧作超过 2200 部，流传下来的有 500 余部，大部分主题是环绕爱和荣誉所产生的冲突。

黑人难道不是人吗？

是否因为他们是黑人，就有了一颗更卑贱、更笨拙、更丑陋的心灵？

因为是黑人，众人给他们取了绰号。

我从自己肤色的耻辱中沉重地站起身来。

我要向世界证明我的勇气……

作为一个黑人真的那么卑贱吗？

可怜的胡安走投无路。正常情况下，黑人是个奴隶。但他的情形不一样：

因为虽然我是个黑人，

但我并不是奴隶。

然而他要逃避这种黑。在生活上，他有伦理的态度。在价值哲学上，这就是个白人：

我比雪还要白。

因为最终，在象征层面上：

成为黑人，究竟是什么？

是变成这种颜色吗？

对于这种侮辱，我要提出申诉，向命运、向时间、向苍天，

以及向所有使我变成黑人者！

啊！肤色的诅咒！

处于禁闭状态，胡安意识到意愿并不能拯救他。他的外表
显现使他所有的行动都变得无力：

> 心灵有什么重要呢？
> 反正我已疯狂。
> 除了绝望还能做什么？
> 啊，苍天！做黑人是多么可怕的事啊。

伤痛到极点，这个不幸的黑人只剩下一个解决办法：向他
者，特别是向他自己，交出他白的证据。

> 既然我不能改变我的肤色，
> 那么我就要冒险。①

如同我们所见，必须从过度补偿（surcompensation）的观点
来了解胡安·德·梅利达这个人。因为黑人属于一个"卑下的"
种族，因此他要让自己和优越的种族相似。

但我们知道如何让自己摆脱阿德勒的吸盘。在美国，德曼
（De Man）和伊斯特曼（Eastman）曾经略嫌过度地应用了阿德
勒的方法。所有我所揭露的事情都是真实的，但必须说明的是，
它们和阿德勒式心理学只有一种外在的关系。马提尼克人并不
和白人比较，而是在白人的庇护下和他们的同类比较，白人被
当成父亲、领袖、上帝。阿德勒式比较可以概括如下：

> 我比他者更伟大。

---

① 笔者从西班牙文译成法文。

相反地，安的列斯式的比较则是如此表述：

$$\frac{白人}{与他者不同的我}$$

阿德勒式的比较包含了两个项目，它被自我分成两极。

安的列斯式的比较则在顶上加了第三项：在这里起引导作用的假定并不是个人的，而是社会的。

马提尼克人是受难者。造就他（却不是他所造成）的环境，以令人惊怖的方式将他撕裂；他以自己的鲜血和体液来维持这个文化环境。啊，黑人的血是有识者看重的肥料。

以阿德勒的理论，要是发现我的朋友在梦中实现了漂白的欲望，也就是变得有男子气概，我会向他揭露，他的精神官能症、心理不稳定、自我的裂缝，都来自这个具引导性的假定。我会对他说："玛诺尼先生精辟地描述了马尔加什人身上的这个现象。你看，我相信你应该好好待在众人为你安排的位置上。"

不！我绝对不会这么说！我会告诉他：应该为你所遭遇骗局负责的，是环境和社会。这么一说，其余的事就会自动跟着来，大家都知道它指的是什么。

世界的末日，当然。

有时我自问，督学和行政长官是否意识到他们在殖民地的角色。在二十年间，他们热衷于用各种计划将黑人变成白人。到最后，他们却抛弃黑人，并告诉黑人说："你们在面对白人时的确有一种依赖情结。"

B. 黑人和黑格尔

自我意识是自在自为的，这是当它、并且因为它是为

191

另一个自我意识而自在自为；

　　也就是说，它只能作为被承认的存有而存在。①

　　人只有在他想要让自己被另一个人接受，让自己被这个人承认，这时人才是人。只要他还没有确实地被他者所承认，这个他者就依然会是他的行动的主题。他的价值和他的人的实在（réalité humaine）有赖于这个他者，有赖于被这个他者所承认。他生命的意义聚集在这个他者身上。

　　在白人和黑人之间没有公开的斗争。

　　有一天，白人主人在没有斗争的情形下承认了黑人奴隶。

　　但是过去的奴隶要让自己被承认。

　　在黑格尔辩证法的基础上，有种绝对的相互性应该被强调出来。

　　由于我超越自己当下的此在（être-là immédiat），才了解到他者的存在是自然的实在，并且不只是自然的实在。假如我关闭了回路，假如我使得双向运动无法发生，我就把他者保持在他自己之中。更甚者，我就剥夺了他的自为的存在。

　　这个把我丢回我自己的可怕圈子，要将它打破的唯一方法，就是透过中介和承认，重建他者的人的实在，那与自然实在不同的人的实在。不过他者必须进行相同的行动。"单方面行动是没有用的，只有经由双边行动，应该发生的事才会来临……"；"……由于彼此相互承认，他们也就承认了自己。"②

　　在其直接性③中，自我意识只是单纯的自为的存在。要获得

---

①　黑格尔，《精神现象学》，页155（G. W. F. Hegel, *Phénomènologie de l'Esprit*, trad. Jean Hippolyte, Paris, Aubier Montaigne, 1941, p.155）。

②　同前，页157。

③　译注：对萨特而言，"直接性（immediatete）是一切中介的不在场：这点不言而喻，否则被认识的将是中介，而不是被中介者。"参见《存在与虚无》第三章第一节。

对自我的确信，就必须要纳入承认这个概念。同样地，他者等待我们的承认，以便在普同的自我意识中绽放。每个自我意识都在追寻绝对性，要作为从生活中抽离开来的先决价值而被承认，就如同由**主观确定**（Gewisheit）到**客观真实**（Wahrheit）的转变。

当遭遇他者的反对时，自我意识就经验到**愿望**（Désir）；这是朝向精神尊严之路的第一阶段。自我意识愿意冒生命危险，结果就对身体在场（présence corporelle）的他者造成威胁。"只有通过冒生命的危险才能保持自由，才能证明自我意识的本质并非赤裸的存在，并非自我意识最初出现时那样的直接形式，并非生命扩展中的沉陷。"①

由此，只有在斗争和涉险时，自在自为的人的实在②才得以自我完成。这种冒险意味着我超越生命，朝向一个至高无上的善，那就是从我有自己的专属价值这样一种主观确定性，转变为普遍有效的客观真理。

我要求大家从我的**愿望**来考量我。我不只是在此时此地，封闭在事物性（choséité）中，我还为了他方他事而存在。我要求大家重视我的否定性活动，只要我是在追求生命之外的其他事物；只要我是在为一个人性世界——一个相互承认的世界——之诞生而斗争。

那犹豫着是否要承认我的人，就是在反对我。在一场残暴斗争中，我愿意去感受死亡的震动、无可逆转的溃散，还有不可能性（l'impossibilité）的可能性（la possibilité）。③

---

① 黑格尔，《精神现象学》，页 159。

② 译注：萨特认为，人的实在的重要性质就是欠缺。究其根本，人所欠缺的并非具体的资财，而是自为和自在综合起来融为一体的存在，这也是人追求的真正目的。参见《存在与虚无》结论第二节。

③ 在开始进行这项研究时，我们曾经想过将其中一部分用来讨论求死的黑人。我们认为这个研究有必要，是因为众人不停地重复述说：黑人不会自杀。（转下页）

然而，他者可以不用斗争就承认我：

"未曾以自己生命下注的个体固然也可以被承认为人，但他并未达到作为独立的自我意识而被承认的真理性。"①

在历史上，陷入奴役的非本质状态的黑人，是被主人所解放。他自己并没有支持解放斗争。

黑人突然从奴隶状态闯入主人所在的圈子。就如同那些被允许一年一度在客厅跳舞的仆人，黑人寻求一种支持。黑人并没有变成主人。当不再有奴隶时，也就不再有主人。

黑人是被允许采取主人态度的奴隶。

白人是允许奴隶在同桌吃饭的主人。

有一天，一个有影响力的白种好主人告诉他的同伴：

"让我们和善地对待黑人……"

尽管那些白种主人有所争议，毕竟这是件难事，但他们仍决定将人-机器-野兽三位一体的黑人提升到人这个最高等级。

　　　　法兰西的领土不应该再有奴隶。

骚动从外部波及黑人。黑人受到影响。这些价值并非来自

（接上页）阿希尔（Achille）先生在一场研讨会中毫不迟疑地强调此事，理查德·赖特（Richard Wright）在他的短篇小说集中告诉一名白人："如果我是黑人，那我就去死……"言下之意是只有黑人会接受相同的待遇而不会感受到自杀的呼唤。

之后，德海（Deshaies）先生的博士论文也讨论了自杀问题。他指出嘉翁许（Jaensch）的研究把瓦解型（蓝眼睛、白皮肤）和整合型（褐眼睛、棕皮肤）这两者对立起来，至少是个特别的研究。

对涂尔干（Durkheim）而言，犹太人不会自杀。今天犹太人换成了黑人。然而，"底特律的医院所收治的自杀者中，有 16.6% 是黑人，但黑人占总人口比例只有 7.6%。在辛辛那提，黑人自杀的数目超过白人两倍，这个数字的高涨是由于黑人自杀者中女性所占的惊人比例：358 名女性对 76 名男性。"（Gabriel Deshaies，《自杀心理学》*Psychologie du suicide*，注 23 ）。

① 黑格尔，《精神现象学》，页 159。

194

他的行动，并非由于他的血脉偾张，却围绕着他有声有色地跳起舞来。骚动并没有使黑人变得不同。他从一种生活形态转换到另一种生活形态，却不是从一种生命转换成另一种生命。当我们向一名病情好转的病人宣布他再住院几天就能痊愈，有时他的病情会突然再度恶化，就好像黑奴解放的消息引发了精神病及猝死。

一个人一生不会听到两次这样的消息。黑人只想着要向白人道谢，这项事实最粗暴的证据，就是散布在法国和殖民地各处为数惊人的雕像，呈现着白色法国抚摸着锁链刚被打碎的善良黑人之鬈发。

"向先生说谢谢。"母亲对儿子说……但我们知道，通常小男孩想要嘶喊的，是其他更能引起回声的字眼……

作为主人，① 白人对黑人说：

"从今以后，你自由了。"

但是黑人并不知道自由的代价，因为他并没有为自由战斗。他不时为自由和**公义**而战，但都是白人的自由和白人的公义，也就是说由主人们所分泌的价值。旧日的奴隶，在他的记忆中，既找不到为自由所作的斗争，也找不到克尔凯郭尔② 所说的自由的焦虑，面对在存在的紧绷绳索上游戏歌唱的年轻白人时，他

---

① 希望我们已经显示出，这里所说的主人和黑格尔所描述的主人，本质上并不相同。黑格尔的理论有一种相互性，在此处，主人却嘲笑奴隶的意识。他并不需要奴隶的承认，他需要的是他的劳动。

　　同样地，这里的奴隶也和那在客体中迷失、在劳动中发现解放源头的人毫不相似。

　　黑人要的是像主人。

　　而且他也比黑格尔式的奴隶更不独立。

　　在黑格尔那里，奴隶绕过主人，转向客体。

　　在这里，奴隶转向主人，抛弃客体。

② 译注：克尔凯郭尔（Soren Aabye Kierkegaard, 1813—1855），丹麦哲学家，存在主义的先驱。

们感到口干舌燥。

要是黑人凶恶地看着白人，白人会对他说："我的兄弟，我们之间并没有差异。"然而黑人知道存在着某种差异。他这么希望。他要白人突然向他冒出一句："脏黑鬼。"这么一来，他就会有那唯一的机会，好"向他们显示……"。

但最常出现的情形是，什么都没发生，只有漠然，要不就是家长式的好奇心。

旧日的奴隶要求众人质疑他的人性。他希望来一场搏斗、一场争吵。但是太迟了：法国黑人被判要咬噬自己、咬噬别人。我们说法国黑人，因为美国黑人生活在另一种惨剧之中。在美国，黑人斗争，并被打击。有些法律逐渐从宪法中消失。有些法案禁止某些歧视行为。我们可以确信，这并不是赠礼。

战斗、失败、休战、胜利。

"一千两百万黑人的声音"向天幕狂喊。而天幕，从这头到那头横穿嵌印着齿痕，嵌在它那禁忌的肚腹，如同一架破裂木琴般地坍落。

在四个角落、由二十名被从睾丸吊起的黑人所界定的战场上，逐渐耸立起一座纪念碑，允诺着伟大崇高。

我已然远远看见，在纪念碑的顶端，一个白人和一个黑人彼此携手。

对法国黑人而言，情况令人无法忍受。由于从来不曾确定白人是否把他当成自在自为的意识，因此他不停地挂念着要显示出抵抗、反对、争议。

这正是在穆尼埃（Mounier）的非洲著作 [①] 中，几个段落所突显的主题。他在那里认识的年轻黑人想要保存他们的相异性。

---

① 埃马纽埃尔·穆尼埃，《黑色非洲的觉醒》（Emmanuel Mounier, *L'éveil de l'Afrique noire*, Paris, Editions du Seuil, 1948）。

断裂、抗争、战斗的相异性。

费希特[①]说，自我经由反对自己而确立，这句话也对也不对。

在导论中，我们曾说人是一种肯定（oui）。我们将不停地重复这句话。

对生命的肯定。对爱的肯定。对宽厚的肯定。

但人也是一种否定（non）。对人类轻蔑态度之否定。对人类卑鄙无耻之否定。否定对人类的剥削。否定谋害最为人性的人类诉求：自由。

人类行为并不只是反应的（réactionnel）。尼采[②]在《权力意志》中已经指出，在反抗（réaction）中总是有着怨恨。

引领人类成为主动的，在他的循环中维持对造就人类世界的基本价值的尊重，这就是那些在反省之后准备行动者的第一紧急要务。

---

① 译注：费希特（Johann Gottlieb Fichte, 1762—1814），德国哲学家。
② 译注：尼采（Friedrich Nietzsche, 1844—1900），德国哲学家。

代结论

社会革命要得出它的诗篇，不能从过去，只能从未来。在扫除所有对于过去的迷信以前，它无法开始从事自己的任务。从前的革命召唤对于世界历史的记忆，为的是向自己隐瞒自己的内容。十九世纪的社会革命必须让死者去埋葬死者，为的是让自己获得自己的内容。从前是辞藻胜于内容，现在是内容胜于辞藻。

——马克思，《路易·波拿巴的雾月十八日》①

我已经远远瞧见那些要求我澄清某个论点、谴责某项行为者的面容。

事情显而易见，而且我将不停地重复说明，一位出身瓜德罗普的医学博士和一名建造阿比让②港的工人，对他们两人来说，去异化的努力得从本质上不同的动机来理解。对前者而言，异化的性质几乎是智性的。只要他以怀抱欧洲文化作为摆脱自己种族的方法，他就成为被异化者。后者则是作为体制的受害者，这种体制奠基在某个种族对另一个种族的剥削、某种人性

---

① 译注：本段译文参考中共中央马恩列斯著作编译局《马克思恩格斯选集》第一卷（1972），北京：人民出版社，页606。
② 译注：阿比让（Abidjan），临几内亚湾，是象牙海岸的主要城市。

受到另一种被当作优越的文明形式所轻蔑。

我们并没有天真到相信，对理性的呼唤或对人类的尊重可以改变现实。对于那些在罗贝尔镇①甘蔗园工作的黑人而言，解决办法只有一个，就是斗争。而他之所以进行及带领这场斗争，并不是因为事先做过马克思式或唯心主义的分析，而仅仅是因为他只能在对抗剥削、悲惨和饥荒的战斗这种特殊情况下设想自己的存在。

我们从未想过要求这些黑人纠正自己形塑的历史概念。而且他们已经习惯以现在的条件来说话及思考，这点虽然我们不确知，但相信他们会赞同我们的看法。我在巴黎遇见的几位工人朋友，从来不曾就黑人过去之发现向自己提出问题。他们知道自己是黑人，但他们告诉我说，这并不能改变任何事，一点也不能。

在这点上，他们很有道理。

关于这点，我要再提出一个看法，许多人都提过这个意见：智识的异化是一种布尔乔亚社会的创造。我所称的布尔乔亚社会，是指所有在既定的形式中僵化，并且禁止所有演变、所有前进、所有进步、所有发现的社会。我所称的布尔乔亚社会，是指一个不适合生活、空气腐臭、观念和人都处于腐烂状态的封闭社会。我相信一个人要是抱持着和这种死亡对抗的立场，就某种意义而言，他就是一个革命者。

发现一个存在于十五世纪的黑人文明，并不会让我得到人性的证书。不论我们是否愿意，不论用任何方式，过去都无法在当下引领我。

我所研究的情况并不寻常，大家也都意识到这点。我无法保持科学的客观性，因为这些被异化者、这些精神官能症者，是我的兄弟、我的姐妹、我的父亲。我不断尝试要向黑人揭示，

---

① Robert，马提尼克的市镇。

就某种意义而言，他是在自我异化；向白人揭示，他同时是欺骗者和被骗者。

在某些时刻，黑人被禁闭在他的身体中。然而，"对一个获得自我意识和身体意识的人，对一个达成主体和客体之辩证的人，身体不再是意识结构的成因，而是意识的客体"。①

黑人，即便再诚恳，仍是过去的奴隶。然而，我是一个人，就这个意义而言，伯罗奔尼撒战争②和罗盘的发明都为我所拥有。在面对白人时，黑人得赋予过去价值，得进行复仇；在面对黑人时，当代的白人重新感受到召唤食人时期的必要性。几年前，里昂的法国海外地区学生会请我回应一篇文章，这篇文章把爵士乐看成现代社会中食人作风的涌现。我对自己要讨论的方向胸有成竹，便跳开对谈者所做的开场白，要求那位欧洲纯粹性的捍卫者抛开跟文化毫无关系的痉挛。有些人想以他们的存在让这个世界变得肿胀。一位德国哲学家以自由的病理学为名描述了这个过程。在此情况下，我所采取的立场并非捍卫黑人音乐、反对白人音乐，而是帮助我的兄弟抛弃丝毫无益的态度。

这里所考虑的问题位于时间性中。那些拒绝让自己被禁锢在"**过去这座实体化的塔楼**"（la Tour substantialisée du Passé）中的黑人和白人，将能够达成去异化。此外，对其他许多黑人而言，拒绝把当前视为不可改变，去异化才会诞生。

我是一个人，我所要述说的是这个世界所有的过去。我并不只和圣多明哥反抗行动③有关。

---

① 梅洛庞蒂，《知觉现象学》，页277（Merleau-Ponty, *Phénomènologie de la perception*, Paris, Gallimard, 1945, p.277）。

② 译注：伯罗奔尼撒战争发生于公元前431年到公元前404年，是以雅典和斯巴达为首的两个城邦联盟之间的战争。

③ 译注：1492年，哥伦布航行到海地岛，是欧洲人登上海地岛之始。随着西班牙人的殖民，岛上印第安人被消灭殆尽。1697年，法国和西班牙签订雷斯威克条约，西班牙承认法国在海地岛西半部的主权，这块地区（转下页）

每一次有人在精神尊严上取得胜利，每一次有人向奴役同类的企图说不，都让我觉得和他的行动连结在一起。

无论以何种方式，我都不应该从有色民族的过去得出我事业的初衷。

无论以何种方式，我都不应该专注于重振一种被不公正地蔑视的黑人文明。我并不把自己当成属于任何过去的人。我不要以我的现在和未来做为代价来歌颂过去。

印度支那人之所以起而反抗，并不是因为他们发现了特有的文化，而"仅只是"因为他在各种因素的作用下无法呼吸。

我们只要回想那些职业士官在一九三八年所做的描述，当中提到在皮阿斯特钱币 ① 和人力车的国度，男童和妇女是多么廉价，我们就能了解越盟 ② 成员起而战斗时的心头怒火。

一位和我在最近一场战争中并肩作战的战友从印度支那回来，告诉了我许多事。例如十六七岁的年轻越南男子，面色安详地倒在行刑队前。他告诉我："有一次我们必须以跪姿开枪：士兵在这些年轻的'狂热者'之前颤抖。"作为结论，他补充说："和在那里发生的事情相比，我们一起打的那场战争，只能算是游戏一场。"

从欧洲的角度看，这些事情令人难以理解。有些人主张，在面对死亡时有一种所谓的亚细亚态度。但是这些低等的哲学家并没有说服任何人。距今不久前，维尔科 ③ 的"流氓"和抵抗

（接上页）成为法国殖民地"圣多明哥"。随着黑奴输入，海地岛上黑人数目快速增加，到了1789年时已为白人的4倍。1791年，黑人起而抗暴，随即发展解放战争。1803年11月，法国军队终于被击败，海地于1804年1月1日宣布独立。

① 译注：皮阿斯特（piastre）是越南和埃及等国家过去所使用钱币的名称。

② 译注：越盟（Viet-Minh）是越南独立同盟的简称，由胡志明于1941年号召成立，为一个结合民族主义与共产主义的政治军事组织，最初以脱离法国独立和结束日军占领为诉求。1945年于河内成立政府，向法国要求独立未果，随后展开越南独立战争。

③ 译注：维尔高（Vercors）山地位于法国西南部。在1943年到（转下页）

德军的"恐怖分子"不也展现了这种亚细亚式的安详。

在行刑队前死去的越南人，并不期望他们的牺牲能使某种过去重现。他们是为了现在和未来而接受死亡。

即使我曾在某一刻对自己提出要和某一段给定的过去产生联系这样的问题，那也是因为我对自己和众人承诺，要以我所有的存在、我所有的力量投入战斗，好让地球上不再有被奴役的民族。

决定我行为的并不是黑人世界。我的黑皮肤并非特定价值的代理者。那布满星辰、曾让康德激动不已的天宇，早已向我们交付它的秘密。而道德律对自己也有所怀疑。

作为人，我要投身对抗毁灭的危险，使两三条真理向世界投以它们本质的光亮。

萨特已经指出，如果是出于不真诚的态度，过去（le passé）就会大量"攫取"，被坚实地构筑，并对个人产生赋形（informe）的作用。这是在价值上已然转变的过去。但我还是能重拾我的过去，透过不断的选择，推崇它，或是谴责它。

黑人想要变得像白人一样。对黑人而言，只有一种命运，那就是白。很久以前，黑人承认了白人无可争议的优越性，他所有的努力都试着实现一种白色的存在。

在这个世界上，除了为十七世纪的黑人复仇之外，难道我没有其他事情好做？

在这块已经试图逃避的大地上，我是否应该追问自己黑人真理的问题？

我是否应该自限于为一种脸部的观点辩护？

（接上页）1944 年间，许多抗德分子藏匿此处。1944 年 6 月，3 500 名游击队员在此处与德军战斗，以阻挠德军开往诺曼底；7 月底，游击队员或遭杀害，或被驱逐。这段历史成为第二次世界大战中法国本土抗德运动的代表事迹之一。

作为有色人种，我没有权利探究我的种族在哪一点上比另一个种族优越或低劣。

作为有色人种，我没有权利希望白人凝结出对我的种族的过去之罪疚感。

作为有色人种，我没有权利关注如何才能让我践踏以往主人的骄傲。

我既没有权利，也没有义务，为我被奴役的祖先要求补偿。

没有黑人的使命；也没有白人的负担。

有一天我发现自己处在一个诸事为恶的世界；一个众人声称要将我打倒的世界；一个总是有着消灭或胜利等问题的世界。

作为人，我发现自己处在一个字词以沉默镶边的世界，一个他者不断变得冷酷的世界。

不，我没有权利前来向白人呼喊我的恨意。我没有权利向白人低诉我的感激。

我的生命被存在的索环套住。我的自由将我遭回我自己。不，我没有权利当一个黑人。

我没有责任要当这个或那个……

如果白人质疑我的人性，我将以所有我作为人的重量压在他的生命上，以此向他显示，我不是那个他持续想象的"巴娜尼亚好棒"。

有一天我发现自己处于世界之中，我承认自己拥有的唯一权利是：要求他者人道的行为。

唯一的责任，就是不以我的选择否认我的自由。

我不要当黑人世界这个诡计的受害者。

我的生命不应该致力于为黑人价值做结算。

并没有白人的世界，并没有白人的伦理，更没有白人的才智。

只有在世界各个角落追寻的人。

我不是**历史**的囚徒。我不应该在其中寻找我命运的意义。

我必须时时刻刻提醒自己，真正的跃进（saut）是在存在中引入创造发明。

在这个我行进其中的世界，我无休止地自我创造。

只有在我超越存在时，我才联系上**存在**。

透过一个具体的问题，我们看见行动现出轮廓。位于世界之内、情境之中，用帕斯卡尔的话来说，就是人已在舟中，这时我是否应该囤积武器？

我是否应该要求今日的白人对十七世纪的黑奴贩子负责？

我是否应该用各种方法让心灵产生**罪疚感**？

面对**过去**的厚重而精神痛苦？我是黑人，成吨的铁链、暴雨般的捶打、河流般的唾液流淌在我的肩膀上。

但我没有权利让自己定锚。再小的碎片，我都没有权利容许它置身于我的存在中。我没有权利让自己落入过去各种决定所形成的圈套中。

我不是那使我父祖成为非人的**奴隶制度**的奴隶。

对许多有色人种的知识分子而言，欧洲文化呈现出一种外在性（caractère d'extériorité）。而且，在人与人的关系中，黑人可能会觉得自己在西方世界是外来者。他们并不想显示出穷父母、养子、杂种小孩等样貌，在此情形下，他们会兴奋地试着发现黑人的文明吗？

希望众人能够清楚地了解我们的想法。我们相信接触到公元三世纪前的黑人文学或黑人建筑有重大的意义。我们很乐意知道某个黑人哲学家和柏拉图之间曾经通信。但我们完全看不出，对于在马提尼克或瓜德罗普的甘蔗园中工作的八岁小孩而言，这些事情能为他的境况带来什么样的改变。

不应该试图将人类固定，因为他的命运就是要被解放。

历史的厚重不会决定我的任何行动。

我是我自己的根据。

只有当我超越历史的、工具的事实时，我才导入我的自由进程。

有色人种的不幸在于曾经被当成奴隶。

白人的不幸和不人道在于曾经在某处杀害人。

这种失去人性的行为在今天仍然继续被理性地组织。但作为有色人种，只要绝对的存在对我而言是可能的，我就没有权利将自己框限在一个回溯补偿的世界里。

我，作为有色人种，只希望一件事：

但愿工具永远不会支配人类。但愿人类对人类的奴役——也就是我被他人的奴役——能就此停息。但愿我能被允许发现人、需要人，不管他身在何处。

黑人并不存在。白人也一样。

两者必须脱离各自的祖先曾经有过的非人声音，以便让真正的沟通诞生。在发出积极的声音之前，必须进行去异化的努力以求得自由。一个人，在他存在之初，总是被阻塞、被淹没在偶然性中。人之不幸在于曾为儿童。

人类是透过回复自我和细细分析的努力，透过对自由的持续紧张，才能创造出人道世界的理想存在条件。

优越性？低劣性？

为什么不单纯地试着去接触他者，感受他者，让他者向我显露？

我之所以被给予自由，难道不是为了用来建造你（Toi）的世界？

在本书结尾，我们希望大家能和我们一样领会到所有意识的开放向度。

我最后的祈求：

啊！我的身体，让我永远做一个追问的人吧！